OKR 红宝书

陈义佳　王巍　董荣辉　著

中国财经出版传媒集团
中国财政经济出版社

图书在版编目（CIP）数据

OKR 红宝书／陈义佳，王巍，董荣辉著． --北京：中国财政经济出版社，2021.11

ISBN 978-7-5223-0835-7

Ⅰ.①O… Ⅱ.①陈… ②王… ③董… Ⅲ.①企业管理-目标管理 Ⅳ.①F272.71

中国版本图书馆 CIP 数据核字（2021）第 202969 号

责任编辑：叶　彤　　　　　　责任校对：张　凡
封面设计：兰卡绘世

OKR 红宝书

OKR HONGBAOSHU

中国财政经济出版社 出版

URL：http://www.cfeph.cn

E-mail：cfeph@cfeph.cn

（版权所有　翻印必究）

社址：北京市海淀区阜成路甲 28 号　邮政编码：100142

营销中心电话：010-88191522

天猫网店：中国财政经济出版社旗舰店

网址：https://zgczjjcbs.tmall.com

北京中兴印刷有限公司印刷　各地新华书店经销

成品尺寸：170mm×230mm　16 开　14.75 印张　209 000 字

2021 年 12 月第 1 版　2021 年 12 月北京第 1 次印刷

定价：68.00 元

ISBN 978-7-5223-0835-7

（图书出现印装问题，本社负责调换，电话：010-88190548）

本社质量投诉电话：010-88190744

打击盗版举报热线：010-88191661　QQ：2242791300

推荐序

王忠民
深圳市金融稳定发展研究院理事长
全国社会保障基金理事会原副理事长

移动互联网、大数据、云计算、人工智能、区块链等技术加速应用，促使数字经济加速发展。数字经济日益成为畅通国内外经济循环、构建现代化经济体系、构筑国家竞争新优势的重要力量。发展数字经济成为把握新一轮科技革命和产业变革新机遇的重大战略选择。

今天，我们面临的是新冠肺炎疫情以及新一轮科技革命和产业变革的影响相互叠加的世界，中小企业生存发展更趋严峻。中小企业在管理、产业和资本三重压力中如何走下去并且茁壮成长，数字化转型成为其发展的必由之路。

OKR（Objectives and Key Results），目标与关键成果工作法，给组织带来的不单单是业绩的快速增长，更重要的是在数字化时代，OKR 作为数字化转型的重要抓手，让企业能够在整个数字化过程中更好地发挥作用，从而实现组织的涅槃，并走出一条自己独特的成长之路。OKR 聚焦、协同、持续跟进和挑战不可能的四个特点作为知识革命下的管理范式，满足当"Z 世代"员工、VUCA[①] 环境、技术迭代和组织变革叠加下对于管理提出的全新要求：创新、敏捷和坚韧。

从管理的角度来看，中国在很多领域已经开始进入了"无人区"，开始白热化、科技化和数字化竞争阶段，"向管理要红利"成为知识革命时代的主旋律。OKR 天生的数字化基因更是给最广大的中小企业带来最佳的管理实践方

---

① VUCA，即 Volatility（易变性）、Uncertainty（不确定性）、Complexity（复杂性）、Ambiguity（模糊性）。

案,并且以其简单、易用、有效的特点成为中小企业提升管理水平的有效抓手。OKR的创建者——已故的英特尔传奇CEO安迪·格鲁夫说过"这是一个非常非常简单的系统",OKR在谷歌(从0-1-N)、字节跳动(从0-1-N)、华为(加速成长)、百度(转型)、君润人力(1-N)等企业的成功运用,检验出OKR作为一种管理工具,适用于各种类型的企业。在全球各国50多年的应用成果,更是检验出OKR作为管理工具的有效性和持久性。

从产业的角度来看,产业集聚带来了整个全球供应链的成本降低、效率提升、服务改善。OKR不仅仅从微观视角来帮助企业持续改进管理和提升组织能力,更在宏观层面上通过OKR的链接,将企业家、投资人、专家学者、金融机构、供应链上下游等全部整合在一起,通过数字工具和平台进行重新组合和优化,提升产业的效率和成本。数字化环境下,这个集群可能会突破对于物理环境的限制,朝着更广泛的数字世界演进,从而推动整个产业持续的迭代、创新和发展。

从资本角度来看,好的社会资本通过选择最优秀的GP,将资金投向最优秀的团队和项目,并且运用OKR来实现项目指数级增长,如果我们把这三个逻辑——基金的逻辑、合伙的逻辑和OKR的逻辑全部放到今天,把证券市场看成社会治理给出的社会红利,把三重逻辑看成我们资本市场中的组织内部的结构、姿态和发展过程,把资本的权力逐步给到真正的技术创新者、真正的商业创新者、真正的时代进步的力量的时候,我们才发现,OKR可以满足动态的市场、动态的进步、动态的技术、动态的商业、动态的时代成长的一切东西。资本得到了最优社会资源配置下的资本回报,以及其他的社会资源,包括技术、包括经济、包括社会、包括员工的利益,也因此得到认可、满足和进步。

但遗憾的是,无论是技术上还是理论上,OKR在中小微企业落地生根并不容易,我们很少看到有专门的机构深入地学习、研究、实践、提炼OKR的管理理念、思路、方法、工具,真正将健康的OKR的应用场景迭代到中国的企业环境内,尤其是中小微企业。

收到本书,掩卷之余,收获良多,我非常欣喜地看到陈义佳、王巍、董荣辉三位作者能够从深层次的理论出发,将OKR的实践和应用中国化。本书作者都具有多年的管理经验、咨询经验以及企业实践经验,能从OKR的实施逻辑出发，将企业关心的OKR应用场景、前置条件、推广思路、实施步骤、关键风险点把控等，通过问答、案例的方式来呈现，分阶段、分模块地逐条进行详细阐述。这在中国企业界、在OKR的推行、在同类书籍中是首创，也更具有参考价值。

在OKR的过往实践中，部分管理学界、企业界神话了OKR的应用价值。我非常赞同本书中"组织成功 = 使命 × OKR"的观点，任何企业的存在都以使命驱动。在此基础上，目标与关键成果之间需要建立一定的联结，在目标达成关键成果的路上，需要有聚焦、对齐、透明、调整、纠偏，需要有配套的流程、制度以及强大的自驱力来牵引，这些都需要组织在不断的环境变化中快速调整，必须要找到关键的抓手来实现，无疑OKR解决了这个问题，自下而上、自上而下的目标设计方法，实现了企业内部的高效沟通，避免了大量的信息不对称造成的企业内耗。

关注到OKR在中国企业的应用，我们还必须要关注企业目前的员工群体。随着中国人口的发展，在当下的中国企业中，"Z世代"员工的占比越来越大，这个群体的年轻人具有很强的自我独立意识，渴望被尊重、注重创新、愿意分享，对于未来可能面临的困难充满斗志，天然地具备了对成功、对目标实现的自驱动力。而OKR实施的关键也在于一群富有自驱力和使命感的人，OKR在中国企业的应用适逢其时，正在当下。

本书不但架构了一套专业而成熟的理论体系，从观念意识、工具方法到实践操作，为我们全面而系统地介绍了OKR的基本理念和知识技能；还从实践者的角度，记录并总结了那些经过实践验证的具体操作步骤、方法和工具。

以上这些正是本书的魅力所在，我深信这些全新的OKR思维、方法、工具对中国OKR工作法的发展将影响深远，也将成为计划或正在组织内推行OKR工作法的企业、管理顾问、HR从业人员的红宝书，助其在数字化浪潮中立于不败之地！

专家推荐

贲圣林：浙江大学金融科技研究院院长和国际联合商学院院长，兼任中国人民大学国际货币研究所联席所长

当今世界正处于"百年未有之大变局"中，学术界和企业界对管理理论和实践的探索进入了新的阶段。其中，我们反复观察到许多小团队（如起初的谷歌、字节跳动、华为、五矿信托、多点、君润人力等）运用OKR，朝着一个有野心的大目标协同行动，在短短两三年的时间里引领、改变了一个成熟的产业。

本书在沿用彼得·德鲁克对过去200多年三次革命（工业革命、生产力革命、管理革命）划分的基础上提出了"知识革命"——知识对于知识本身的革命，并以此为出发点，提出了在知识革命下组织发展的新公式"成功＝使命×OKR"，这为全球广大创新企业提供了一个新的成长理论和工具，也给OKR的解读和实践提供了一个新的视角。作者结合自身的OKR实践经验提炼出的158个问题以及书中的生动案例，均是企业实践OKR的有益指引和参考。

任颋：北京大学汇丰商学院副院长

宏大目标与组织成员的强大自驱力是实现组织跨越式发展的两大支撑要素。然而，如何树立宏大的目标，同时有效地激发组织成员强大的自我驱动力量，并能将这种分散的自驱力围绕组织目标有效协同起来？这是组织所普遍面临的现实问题。以目标管理为核心的OKR管理工具正是应组织的这一普遍诉求而诞生。本书紧密围绕"组织成长＝使命×OKR"这一核心命题，提炼了158个关键问题，以新颖的问答形式，抽丝剥茧地呈现了OKR的概念内涵及其在组织中的系统运用，并结合了具有代表性的实践案例，展示出OKR这一目标管理工具在组织变革时代的强大生命力。对此，每一位组织管理者都应予以密切关注。

张世乐：前 Intel 亚太区高管，麦肯锡兼职高级顾问

OKR 原本是半个世纪前 Intel 公司发明的目标管理工具，而在工业 4.0、数字化转型大浪潮下的今天，它被赋予了新的生命！此时的 OKR，已经不再是一个简单的管理工具，而是一节拉动中国企业管理水平升级的"火车头"，是一套能够帮助中国企业家"向管理要红利"的现代管理系统！

很高兴看见陈义佳先生等的新作《OKR 红宝书》，它对国内外有关 OKR 的最新理论和实践进行了系统化梳理，并以朴质无华、简洁明快的语言呈现给大家。

RCEP 即将生效，届时中国经济与世界经济的融合又要上一个台阶，中国企业会迎来竞争更加激烈的商业环境。《OKR 红宝书》，恰是我们迎接 RCEP 的一部企业管理宝书！

自序一

有宏大目标很容易，但关键是执行，没有执行，一切都是空中楼阁。如何确保所有的宏大目标实现？我们需要的仅仅是一个OKR（Objectives and Key Results，目标与关键成果工作法），一个帮助量化、沟通并实现宏大目标的工作法。

20世纪70年代英特尔传奇CEO格鲁夫，基于彼得·德鲁克的"目标管理"理论，创建了iMBO（Intel Management By Objectives，OKR前身）并一直使用至今，在半个世纪多的时间里，英特尔一直都是芯片领域的领头羊，市值超过2170亿美元（2021年9月29日收盘）。

1999年，凯鹏华盈（KPCB）董事长约翰·杜尔将OKR推荐给刚创立的谷歌，20多年来，谷歌一直运用OKR，取得了巨大的成功，市值达到1.79（美股）万亿美元，谷歌前董事长埃里克·施密特对其如下评价：OKR永远地改变了谷歌公司的发展历程。

2012年，29岁的张一鸣创建了字节跳动，直接运用OKR管理企业，开启了"开挂"般的创业，仅仅8年，就创造了一个万亿元的商业帝国。

2015年，华为启用OKR，先从HR团队开始试用，6年过去，70%左右的团队运用OKR来激发团队，不仅扛住了美国的制裁，还在多领域开拓了商业新版图。

2018年，百度创始人、董事长兼首席执行官李彦宏全面启动OKR变革，每隔3个月更新一次OKR，启动了百度文化、管理体系的重新构建。

2020年，万科集团董事长郁亮启用OKR，提出万科"灵魂6问"，仅仅半年过去，万科重回市场第一。

OKR之所以有如此巨大的能量，正是因为它的"变"和"不变"的辩证统一。OKR要坚持"价值导向、透明、挑战、创新、聚焦和对齐"的"6不变"，这是基本原则；而"数量、KR、评价、信心值、周期、优先级"的"6变"是OKR保证企业行远登高的利器。

OKR 没有死板的教条，也没有一个唯一正确的使用方法，一切都需要因地制宜、因时制宜，不同的组织在其生命周期的不同阶段，会有不同的需求。对一些组织来讲，制定简单明了和富有野心的目标可能是迈开成功的第一步；对于一些组织来讲，每季度进行一次目标调整是可以激发组织源源不竭的活力；对于一些组织来讲，每周进行目标回顾是获得"管理红利"的保障。每个组织都可以找到自己的目标，并利用 OKR 进行管理，这一切都取决于自己。

OKR 在中国发展的 8 年里，我们看到很多成功的案例，因为 OKR，企业取得了高速成长。但同时，我们也看到了更多的企业在导入 OKR 后不了了之，没有发挥出它应有的价值，甚至拖后了组织的发展。是什么阻碍了企业更好地运用 OKR 取得更高速度的增长？企业如何让 OKR 成功落地？OKR 如何助力企业取得像谷歌一样的 10 倍速增长？这一切取决于企业家本身，他是否相信"以人为本"的力量，是否相信"聚焦目标"的力量，是否保持坚定和耐心。本书撰写的核心动力是为企业成功落地 OKR 提供一整套有效的方法和程序，通过问答的方式让所有致力于 OKR 的企业家和个人找到真正的解决方案，助力企业 10 倍速增长。

我始终认为每一个人、每一个企业都有无限的能量，这本书的使命是让所有的企业用好 OKR，达成宏大的目标和使命，志高行远！让每一位读者实现看似不可能实现的目标，体悟生命的意义，成就非凡！

陈义佳

2021 年 10 月 1 日 于深圳

自序二

自人力资源管理理论体系创立以来，关于绩效管理的书就数不胜数，各种绩效管理的工具也层出不穷，但是有关OKR管理的书籍，尤其是关于OKR实战的书籍却少之又少。

第一次了解OKR是源于一次管理咨询实践，2013年的一天，当我作为从业15年的资深管理咨询顾问在给一家国有科技型企业做绩效管理体系设计方案汇报的时候，50岁左右的客户董事长问了我一个问题：我们这样的企业是否可以推行OKR？我一时语塞，不知如何回答。带着这样的遗憾，我开始了OKR在国内企业的管理实践，也深刻地体会到了OKR管理能给企业带来的巨大价值与改变。

OKR能给企业带来什么样的价值？OKR特别强调的目标一致、对齐、聚焦、上下同欲，从根本上将企业的发展与个人的追求紧密地关联在一起，公司、团队、个人三位一体，兄弟齐心，其利断金；在方向正确的情况下，三位一体也有力地保障了企业的执行力，力聚一处，利出一孔。OKR管理中强调的变与不变，给予企业和个人在企业经营管理中应有的敏捷性，通过战略共识会、周例会、月复盘会，最大限度地给予企业和个人强大的应变能力，在目标（O）明确、坚持的前提下，关键成果（KR）可以不断试错、及时调整，这保持了一个企业应有的活力与应变力、创新力、执行力。

2012年，OKR由字节跳动引入中国，距今不过短短9年，却越来越受到众多不同类型的企业的关注，我也在实践中见证着这一新生事物的发展。带着这样的理解与实践，我和本书的另外两位作者多次深入交流，长期处在民营企业、国有企业以及管理咨询领域第一线的我们，完整地见证了国内企业在推行、运用OKR管理实践中的各种各样的疑问、弯路、成果，我们觉得是时候应该为国内企业推行OKR提供一些切实可行的方法论了。

很多企业、很多人会问，为什么我们可以做这样一件事情，写这样一本书？这个问题的答案有两点：（1）如前面介绍的，本书作者来自于不同类型的企业，也长期从事人力资源管理工作，无论是作为甲方还是乙方，在推行OKR的实践过程中，遇到过各种各样的问题，踩过各种各样的坑，经历过各种各样的痛苦，在这个过程中，我们了解到OKR应该做什么，不应该做什么；（2）在服务众多不同类型企业的实践中，我们对于OKR的理解不断深化，它不再是纯粹的绩效管理，完全可以被放到一个更高、更大的视野来看待，OKR管理不只是目标管理，OKR是一个完整的管理体系、运营体系，需要一定的文化积淀、一系列的配套机制，比如战略目标分解推行、人才发展体系、中高层干部的教练能力、完善的薪酬体系等等，对这些我们已经经历过或正在经历的经验、教训，全都在本书中做了系统的梳理，并按照OKR推行的逻辑顺序予以设计、说明。

路漫漫其修远兮，OKR从认知到落地还需要有一段路要走，一切过往，皆为序章，期待更多的企业通过应用OKR管理，取得10倍速的快速增长！更多的个人，通过OKR的运用，养成良好的管理习惯，实现个人目标，实现人生价值！

王巍

2021年10月2日 于武汉

自序三

绩效考核最早起源于1854年的英国,随后在政府部门和企业实践中不断演练推进,递进中形成了关键绩效指标(KPI)、平衡记分卡(BSC)、360度考核、目标考核和目标与关键成果工作法(OKR)等模式和方法。这"五脉神剑"各有所长,前三种侧重绩效指标的考核,第四种贯穿的是组织目标的整体思想。而OKR有所不同,其主要目标是明确公司和团队的"目标"以及每个目标达成的可衡量的"关键结果"。员工同心同向,集中精力做出可衡量的贡献,激发团队成就不可能。

OKR与绩效考核紧密相关,但又有所不同,如OKR着重强调KR的量化而非O的量化,KR必须服从于O,KR只是达成O的一系列举措和组合。这样一来从企业宏观到部门中观、个人微观,导向非常明确,指挥棒作用得以充分发挥。同时,员工、团队、企业可以在执行过程中更改KR,甚至鼓励和倡导这样的思考,以确保KR始终服务于O,对O形成强大的支撑力和推动力。这样就有效避免了执行过程与目标愿景的背离,也解决了KPI目标无法制定和测量的问题,化解了个人目标和部门目标、部门目标和公司目标之间的矛盾,达成了目标与人事同步高效率、双提高。同时,通过KR的变更、确定与兑现,激发了员工的积极性,减少了软对抗、潜对抗,实现了"要我做"到"我要做"的转变。

有感于实践中,众多的企业和个人对OKR感兴趣,想更深层次地了解、熟悉、掌握OKR的理论、方法、实践,但市面上很难找到OKR理论与实操高度契合又具有较强针对性的书籍。为弥补这一缺憾,我和本书的另外两位作者,历时近一年,结合实践经多次探讨、反复修订,最终形成本书,试图在借鉴各家理论研究的基础上,通过对多年来各类企业OKR实践经验的梳理、提炼,再加上我们对OKR长期的研究及管理实践,另辟蹊径,着力从企业如何更好将OKR落地,从OKR认知、价值、方法、步骤、风险点等方面详细拆解了OKR管理实操,由浅入深,通过问答方式,提炼了100余条经验,试图给国内对 OKR 感兴趣的企业和个人提供理论学习与实践参考。

本书最大的特点是实践,千里之行始于足下,OKR 管理在国内也才刚刚起步,我们期待和更多的企业一起,在 OKR 推广之路上笃行致远!

董荣辉

2021 年 9 月 30 日 于昆明

目 录

第一篇　OKR 的本质——什么是 OKR ······ 1

1. OKR 的管理思想源自哪里？ ······ 3
2. OKR 的定义是什么？ ······ 4
3. "高产出管理"理念是什么？ ······ 4
4. 管理新思维怎样演进？ ······ 5
5. 知识革命下，组织成功的新公式是什么？ ······ 7
6. 什么是"10 倍速"经营思维？ ······ 8
7. OKR 是什么？ ······ 9
8. OKR 不是什么？ ······ 10
9. OKR 能解决什么问题？ ······ 11
10. 为什么需要"往大处想"？ ······ 12
11. 推行 OKR 必须坚持的"6 不变"原则是什么？ ······ 13
12. 推行 OKR 必须坚持的"6 变"原则是什么？ ······ 13
13. 空洞的 OKR 有哪些特征？ ······ 14
14. OKR 与内在动机理论的关系是什么？ ······ 15
15. 什么是 KPI？ ······ 17
16. KPI 失效的表现有哪些？ ······ 17
17. 为什么要"去 KPI 化"？ ······ 18
18. OKR 与 KPI 的十大区别是什么？ ······ 19

第二篇　OKR 的价值——为什么要用 OKR ······ 21

19. OKR 能发挥什么核心价值？ ······ 23
20. OKR 对团队、管理者和员工的价值分别有哪些？ ······ 24
21. OKR 适用于哪些组织？ ······ 25

22. 透明的OKR体系有什么益处？ ………………………………… 26
23. 为什么说OKR可以促进团队协同？ …………………………… 27
24. 为什么说OKR可以更好地进行结果追踪？ …………………… 28
25. 为什么说OKR可以推动组织挑战不可能？ …………………… 28
26. 为什么说OKR是责任追溯的利器？ …………………………… 29
27. 为什么说OKR能促进信任？ …………………………………… 30
28. OKR如何为团队创造焦点？ …………………………………… 31
29. OKR如何让员工自由表达？ …………………………………… 31
30. OKR怎么帮助谷歌做出世界上最好的浏览器？ ……………… 32
31. 谷歌是从什么时候开始用OKR？ ……………………………… 33
32. 谷歌资源配置的原则是什么？ ………………………………… 34
33. 什么是谷歌的"高价值的探路石"？ …………………………… 34
34. 推动更多公司走向OKR的原因是什么？ ……………………… 35
35. OKR的最佳实践原则有哪些？ ………………………………… 36
36. OKR在中国的发展呈现怎样的趋势？ ………………………… 37
37. 中国组织可以用好OKR吗？ …………………………………… 38
38. 中国企业复星为什么选择OKR？ ……………………………… 38

第三篇　实施OKR前的准备——需要准备哪些"弹药" ……… 41

39. 英特尔价值观给组织带来什么价值？ ………………………… 43
40. OKR的BLM模型是什么？ ……………………………………… 44
41. 公司使命与OKR如何关联？ …………………………………… 45
42. 战略意图帮助解决什么问题？ ………………………………… 45
43. 市场洞察是什么？ ……………………………………………… 46
44. 怎么理解创新焦点？ …………………………………………… 47
45. 怎样做好业务设计？ …………………………………………… 47
46. 字节跳动的组织文化和OKR的关系？ ………………………… 48
47. "上书Q12"是怎样评价组织文化与氛围的？ ………………… 49
48. "三力模型"是怎样盘点人才的？ …………………………… 49
49. 什么样的公司不适合使用OKR？ ……………………………… 51

50. 组织如何自我"体检"是否适合推行OKR？ ················· 51
51. 实施OKR必须得到老板的绝对支持吗？ ··················· 55
52. 导入OKR之前，需要花多久时间和员工沟通？ ············· 56

第四篇　OKR的设定——如何写好OKR ················· 57

53. OKR目标设定的思考逻辑是怎样的？ ······················ 59
54. 设立OKR的5/4原则是什么？ ····························· 59
55. 实施OKR的具体步骤有哪些？ ···························· 60
56. 自下而上设置OKR是否正确？ ···························· 61
57. 公司使命和战略如何影响年度OKR设定？ ················ 61
58. 公司和部门层面设定OKR的原则 ························· 62
59. 设定目标的FACE原则是什么？ ··························· 63
60. 设立关键结果的4R原则是什么？ ························· 64
61. 什么是跨团队OKR？ ····································· 64
62. 部门有各自的OKR，如何判断优先级？ ··················· 65
63. 每个人都应该有个人OKR吗？ ···························· 65
64. 如何让员工制定个人层面的OKR？ ······················· 66
65. 员工的OKR跟主管期望有落差，可以更改吗？ ············ 67
66. 需要设置信心指数吗？需要跟踪信心指数吗？ ············· 67
67. 怎样制定OKR才不冒进也不保守？ ······················· 68
68. 我设定了OKR，代表接下来只做这件事吗？ ··············· 68
69. 公司总经理的个人OKR也需要发布吗？ ··················· 69
70. 用投票的方式决定公司的OKR靠谱吗？ ··················· 69
71. 设立OKR时常见的错误有哪些？ ·························· 70
72. 为什么OKR"少即是多"？ ······························· 70
73. 一周设定一次OKR，可以吗？ ····························· 71
74. 什么是承诺型OKR和愿景型OKR？ ······················· 71
75. 愿景型OKR需要超出团队当前的执行能力吗？ ············ 72
76. 承诺型OKR的来源是哪里？ ······························ 73
77. 承诺型OKR的交付标准是什么？ ························· 73

78. 愿景型 OKR 如何让团队从头开始思考？ ……………………… 74
79. "负重前行"的 OKR 是合适的吗？ …………………………… 76
80. 如何处理"畏首畏尾"的愿景型 OKR？ ……………………… 76
81. 设置了多个目标可以吗？ ……………………………………… 77
82. 用绩效指标来驱动目标的完成是否妥当？ …………………… 77
83. 如何判断目标是否适合执行？ ………………………………… 78
84. 无人在意的 OKR（低价值目标）是什么？ ………………… 78
85. 关键结果包含哪三种类型？ …………………………………… 79
86. 关键结果已达成，为什么没有成就感？ ……………………… 79
87. OKR 实施过程中如何聚焦优先事项？ ……………………… 80
88. 怎么决定 OKR 实施的周期？ ………………………………… 81
89. 执行 OKR 的中途，可以修改目标吗？ ……………………… 81
90. 执行 OKR 过程中员工意兴阑珊，怎么办？ ………………… 82
91. 员工执行了 OKR，觉得跟 KPI 没什么差别，为什么？ …… 83
92. 为什么执行了 OKR，团队没有因此变得更好？ …………… 83
93. OKR 如何进行评价？ ………………………………………… 84
94. 怎样快速识别不够好的 OKR？ ……………………………… 84
95. 谷歌的 OKR 评价标准是什么？ ……………………………… 85
96. YouTube 的"更多观看时长"目标，遭到过质疑吗？ ……… 86

第五篇　OKR 的管理——如何确保 OKR 成功落地 ……… 89

97. 组织如何开始 OKR 之旅？ …………………………………… 91
98. OKR 委员会由什么人员组成？具体做什么？ ……………… 91
99. OKR 运营手册包括哪些内容？ ……………………………… 92
100. OKR 落地有哪些关键要点？ ………………………………… 93
101. 对 OKR 落地的十个建议是什么？ …………………………… 94
102. 从哪个层级开始实施 OKR 比较好？ ………………………… 95
103. CRAFT 方法怎么用？是什么？ ……………………………… 95
104. 一把手对 OKR 只想试试看，可以吗？ ……………………… 96
105. OKR 大使、OKR 牧羊人角色定位及具体工作是什么？ …… 97

106. 谁来担任 OKR 导师？ ... 98
107. CEO 们对 OKR 实施提出的 10 点建议 ... 98
108. 第一次实践 OKR，怎么做能降低风险？ ... 100
109. 如何将 OKR 持续下去？ ... 101
110. 公司战略公布后，对总目标的承接方式有哪些？ ... 102
111. 有些部门提交的 OKR 质量不高，怎么办？ ... 103
112. 什么是 OKR 检查表？ ... 104
113. 执行 OKR 需要中期评审吗？ ... 105
114. 公司实施 OKR 之后，管理人员应该做哪些改变？ ... 106
115. 为督促员工，该不该设定奖励制度？ ... 107
116. OKR 如何垂直聚焦和水平对齐？ ... 107
117. 如何确保团队工作的协同和联系？ ... 108
118. 如何更好地进行目标规划和反馈？ ... 109
119. 为了做好沟通，管理者应该思考哪些问题？ ... 109
120. 认可可以保持员工更加敬业吗？ ... 110
121. 给团队成员提供反馈的 5 条技巧 ... 111
122. 使用什么样的工具会帮助 OKR 的应用？ ... 112
123. 典型的 OKR 循环是什么样的？ ... 112
124. 谷歌如何将公司级年度 OKR 分解？ ... 114
125. 有人没有按时提交 OKR，怎么办？ ... 115
126. 推行 OKR 会遇到什么挑战？——以君润众乐为例 ... 116
127. 如何确保日常工作的有序进行？——以网飞为例 ... 117
128. 如何把场景信息充分向员工沟通？——以网飞为例 ... 118
129. 推进 OKR 在组织中应用的 3 种策略？ ... 119

第六篇　OKR 会议管理——如何开会落实 OKR ... 121

130. OKR 会议包括哪几种？ ... 123
131. OKR 圆桌会议怎么开？ ... 123
132. OKR 共识会议怎么开？ ... 125
133. OKR 季度会议怎么开？ ... 126

134. OKR 动车会议怎么开？ ……………………………………… 127
135. OKR 复盘会议怎么开？ ……………………………………… 128
136. "六顶帽子"怎么用在 OKR 会议中？ …………………………… 129
137. OKR 庆功会必须举办吗？ …………………………………… 131

第七篇　OKR 与绩效考核 …………………………………………… 133

138. 为什么要激发内在动机？ ……………………………………… 135
139. 哪些因素影响内在动机发挥作用？ ……………………………… 136
140. 传统组织绩效管理框架"四部曲"及其缺陷是什么？ …………… 137
141. OKR 与绩效评价之间的关系是什么？ ………………………… 138
142. OKR 与绩效管理的目标制定方式有哪些不同？ ……………… 139
143. OKR 与绩效管理目标公开方式有哪些不同？ ………………… 140
144. OKR 和绩效管理辅导方式有哪些不同？ ……………………… 141
145. 为什么 OKR 要与组织或个人的绩效脱钩？ …………………… 142
146. 不做绩效考核，如何评估员工的工作成效？ …………………… 143
147. 管理者和员工如何沟通绩效？ ………………………………… 144
148. OKR 与绩效考核之间的关系如何？ …………………………… 145
149. 实施了 OKR 之后还需要绩效考核吗？ ………………………… 146
150. 实施了 OKR 之后，KPI 怎么办？ ……………………………… 147
151. 校准会议对绩效评价有何意义？ ……………………………… 147
152. OKR 和绩效评价怎么一起发挥作用？ ………………………… 148
153. CFR 是什么？为什么需要 CFR？ ……………………………… 149
154. 如何进行持续性 CFR？ ………………………………………… 150
155. CFR 的价值是什么？ …………………………………………… 151
156. 如何保障薪酬不受当前岗位或暂时失败的影响？ ……………… 151
157. 对承接愿景型 OKR 却未成功的员工，如何补偿机会成本？ …… 152
158. 实施 OKR 后人力资源体系该如何设计？ ……………………… 153

第八篇　OKR 案例——他山之石，可以攻玉 …………………………… 155

案例一："OKR 之父"约翰·杜尔访谈 ……………………………… 157

目 录

案例二：陈鹏鹏：我为何要坚定地引入OKR工作法？ ………… 160
    一、为什么推行OKR？ ………… 160
    二、如何制定OKR？ ………… 161
    三、OKR如何运用？ ………… 162
    四、OKR带来哪些变化？ ………… 163
    五、推行OKR需要注意的问题？ ………… 164
    六、结语 ………… 165

案例三：创业公司初期如何通过OKR实现10倍速增长 ………… 166
    一、冷冰冰的首字母，良好沟通的媒介 ………… 166
    二、高效的OKR目标管理系统 ………… 167
    三、为什么要制定愿景型目标？ ………… 168
    四、"死亡之吻"：绩效考核 ………… 169
    五、实际工作中到底如何应用OKR ………… 170
    六、自下而上，而非自上而下 ………… 171
    七、高效利用OKR，实现一致性发展 ………… 172

案例四：君润众乐OKR运营手册 ………… 174
    一、君润众乐的OKR理念 ………… 174
    二、OKR委员会及大使工作组 ………… 175
    三、君润众乐如何制定OKR标准 ………… 175
    四、管理者责任 ………… 177
    五、员工责任 ………… 177
    六、推行OKR ………… 178
    七、解读和执行OKR ………… 179
    八、制定OKR的常见陷阱 ………… 180
    九、一些简单的OKR制定标准 ………… 181

案例五：科大智联总经理钟智敏：我们为什么推行OKR ………… 183
    一、理解OKR ………… 183
    二、OKR的挑战 ………… 185

案例六：中化环境：美丽中国有我中化，OKR打造管理驾驶舱 ………… 187
    一、组织扩张迅速，领导力发展迫在眉睫 ………… 187

二、OKR 的落地之旅 …… 188
三、OKR，赋能传统行业创新 …… 189

案例七：布鲁可：用 OKR 找到管理节奏，做中国原创积木引领者 …… 191
 一、乐高的挑战者 …… 191
 二、让组织拥有肌肉记忆 …… 192
 三、会思考的智能组织 …… 194
 四、积木玩具的创新与复盘 …… 195
 五、结语 …… 195

案例八：多点 Dmall：拥抱变化，打造面向未来的组织引擎 …… 196
 一、加速前进的道路上，管理方式亟待升级 …… 196
 二、"魄力+执行力"全员推进，打造最佳实践标杆 …… 197
 三、敏捷转型洞见未来，驭势而上的组织变革 …… 199
 四、OKR 成功实践心得 …… 200

案例九：五矿信托财富管理中心：用 OKR 找到组织管理新解法 …… 201
 一、照亮管理盲区 …… 202
 二、KPI 注重的是结果，OKR 注重的是过程 …… 202
 三、没有人的目标该成为孤岛 …… 203
 四、用 OKR，在组织内形成目标对齐网络 …… 203
 五、思考的涌现与灌溉 …… 203
 六、财富管理，过去靠"执行"，今天靠"思考" …… 204
 七、用视频讲解 OKR 背后的思考和洞见 …… 204
 八、结语 …… 204

参考文献 …… 206

后　　记 …… 208

第一篇

OKR 的本质
——什么是 OKR

从工业革命，到生产力革命，再到管理革命，200 余年的时间里，人类社会的经济、政治、文化领域经历了沧桑巨变。

现在，人类社会正在经历第四次革命：知识革命，人类的生活方式和思维方式将被进一步革新。组织的成功路径也迭代跃升至新的公式：成功 = 使命 * OKR，OKR 的本质就是帮助沟通、量化并实现宏大的目标。"10 倍速增长"经营思维已经成为新的革命下组织发展的常态，"往大处想"让组织胜算更大，吸引更好的人才以及持续地挑战更宏大的目标，并且获得成功。

OKR 是什么？不是什么？OKR 从哪里来？又要走向何方？OKR 的精髓"6 不变""6 变""4 空"是什么？OKR 与 KPI 的区别是什么？在追寻这些问题的答案的过程中，我们一步步地走近 OKR 的本质。

1. OKR 的管理思想源自哪里？

OKR 源自于彼得·德鲁克的"目标管理"。1954 年，彼得·德鲁克出版了《管理的实践》一书，在书中他讲了一个三个石匠的故事。有人让三个石匠分别描述一下自己的工作，第一个石匠说自己是在养家糊口，第二个石匠说自己在做全国最好的石匠活儿，而第三个石匠说自己在建造一座大教堂。很多人都认为，第三个石匠最具有成为管理者的潜质，第一个石匠则很可能一辈子都只是一个普通石匠，而对于第二个石匠，大家往往判断模糊。

德鲁克把关注的焦点放在了第二个石匠身上，他认为大多数管理者恰恰都像第二个石匠一样，致力于成为自己所在领域的专业人士，追求技艺的精湛，并且用这样的标准去衡量和评估他们的下属。技艺是非常必要的，在专业领域拥有一技之长是必须鼓励的，但这就够了吗？

在真实的组织运作中，我们常常发现，管理者过度关注自己的专业水平，却忘记了这只是帮助组织实现终极目标的手段。这就埋下了深深的隐患：各部门为了扩大势力而各自为政，使组织变得异常松散；同时，相互独立的部门只能从自己的专业角度片面地审视组织的问题，无法与其他部门形成良好的共识与沟通，更谈不上配合协作。

德鲁克指出，"高效能的组织管理必须将所有人的愿景和努力导入一致的方向，管理者必须在正确的方向上投入最大的心力，一方面他们要发挥最高的专业水准；另一方面，还要把高超的专业技能当作达到组织目标的手段，而不是把高标准本身当作努力的目标"。

英特尔公司的安迪·格鲁夫非常推崇德鲁克的目标管理，并在此基础上研发出 OKR 工作法，将之在英特尔公司推行并获得巨大成功。1999 年，其下属约翰·杜尔把 OKR 工作法引入了谷歌和他投资的公司。2012 年，OKR 工作法进入中国。

2. OKR 的定义是什么？

权威学者保罗 R. 尼文和本·拉莫尔特在著作《OKR：源于英特尔和谷歌的目标管理利器》中给出了 OKR 的定义：OKR 是一套严密的思考框架和持续的纪律要求，旨在确保员工紧密协作，把精力聚焦在能促进组织成长的、可衡量的贡献上。按照这个定义可以明确以下几点：

（1）严密的思考框架：OKR 并不是简单的每个周期跟踪一下执行的结果，而是要超越数字本身，思考这些数字对你以及组织来说意味着什么。

（2）持续的纪律要求：OKR 代表了一种时间和精力上的承诺。很难想象一个缺乏纪律的公司能推动 OKR 成功从而实现组织成长目标。

（3）确保员工紧密协作：OKR 帮助沟通，促进员工团队的协作，聚焦组织目标，统一团队成员目标，而不是对员工的绩效进行考核。

（4）精力聚焦：OKR 用于认可最关键的业务目标，而不是一些待办事项的简单罗列。

（5）可衡量的贡献：确保对最终的结果可以客观衡量，而不是靠主观评价。

（6）促进组织成长：判断 OKR 实施成功与否的最终标准，就是看是否促进了组织成长。

3. "高产出管理"理念是什么？

20 世纪 70 年代，时任英特尔总裁的安迪·格鲁夫一直对彼得·德鲁克的理论非常认可，当时正值英特尔从存储卡制造商向全球微处理器供应商转型的重要时期，他意识到"目标管理"能够为组织带来诸多益处，于是开始将其用于组织的管理中。格鲁夫在"目标管理"理论的基础上进行了改进，称之为"高产出管理"，形成了OKR管理思想的雏形。"高产出管理"主要强调以下方面：

（1）聚焦于少数几个最重要的目标。格鲁夫提出了"管理杠杆率"的概念，即用最少的力，实现更多有效的产出。在投入相同的情况下，有较高产出的管理活动就拥有较高的"管理杠杆率"。人的精力是有限的，因此管理者必须了解哪些活动具有最高的杠杆率，把精力放在最能促进组织产出的活动上。

（2）目标的设定应该是自上而下和自下而上的双向互动过程。与德鲁克的主张相同，格鲁夫认为鼓励员工积极参与比强制委派任务更能激发工作动机，因此他十分注重培养员工的自我管理能力。

（3）提高目标设定的频率。大多数组织习惯于以年度为时间节点设计目标，但这样的频率有时并不能有效反映外部市场和消费者需求的变化，因此组织的目标设计方法应当更加灵活。以季度甚至月度为周期，在一年内多次设定目标，有利于组织更加快速地响应外部的变化。

（4）目标应该具有挑战性。虽然设置一个具有挑战性的目标意味着有失败的可能，但当所有人都朝着更高层次的目标努力时，往往会取得令人惊喜的结果。同时，为了让员工愿意设置更高的目标，不应该用正式的绩效评估去衡量员工在这些目标上取得的成果，而应该将这种方法视为提高工作效率的手段。

4. 管理新思维怎样演进？

彼得·德鲁克最早关注到知识经济社会中对知识工作者进行管理的特殊性，并提出了"自我管理"的理论，包括"自我衡量的目标管理""积极引导的协助式管理""分权体制下的创新管理",以及"适应组织多元需求的学习成长型管理"。

加里·哈默尔在《管理的未来》一书中,提出传统管理压抑了员工无限的创造力与激情,需要根本性的变革,并以全食超市的授权基层、戈尔公司的无领导管理、谷歌的给工程师自由等案例,深度解析了管理变革的未来趋势。

戴维·尤里奇等人则关注到传统科层制组织内部的壁垒与断点问题,这些问题导致大型组织的反应缓慢、行动迟钝。在《无边界组织》一书中,他们以 GE 无边界组织的变革为例,提出了拆除组织垂直壁垒与水平壁垒、打造出无边界组织的具体方法。

丹娜·左哈尔提出了量子管理学。她认为,牛顿思维重视定律、法则和控制,强调"静态"和"不变",是适应稳定环境的传统管理思维。但今天的信息时代,一切几乎都是由量子科技创造出的计算机芯片主导的,量子思维重视的是不确定性、潜力和机会,强调"动态"与"变迁"。

当今中国,正在经历"百年未有之大变局",人均 GDP 突破 1 万美元大关,"80 后""90 后"成为职场中坚力量,ABCD 等技术(即人工智能 Artificial Intelligence、区块链 Blockchain、云计算 Cloud Compute、大数据 Big Data 等)高速迭代,人类社会迈入第四次革命:知识革命,科学技术高速发展导致的知识"大爆炸",带来了世界运行方式的根本变化。对于大多数组织来讲,仍沿用"工业革命"和"生产力革命"的牛顿思维来管理,强调集权,员工只需听令行事,会越来越无法适应市场竞争的需要。

在知识社会,"10 倍速"增长下的组织,将每个员工看作特殊的能量球,他们既是个体,又是联合体,放手让员工发挥创造能力,运用 OKR 工作法"由下而上"地为组织注入源源不绝的动力。

5. 知识革命下，组织成功的新公式是什么？

著名的管理大师彼得·德鲁克在《知识社会的兴起》一文中指出，一百多年来，人类经历过三次革命，分别是：工业革命、生产力革命和管理革命。这三次革命都是由知识意义的根本转变驱动的。第一次革命是知识被应用于工具（Tools）、过程（Processes）和产品（Products），带来了工业革命（从18世纪中叶到19世纪中叶）；第二次革命是知识被应用于工作（Works），从而带来了生产力革命（从1880年到第二次世界大战结束）；第三次革命则是知识被应用于知识本身（Knowledge Itself），从而引起了管理革命（1945~2000年）。经理人已经从"为下属的工作负责的人"转变为"为知识的运用及表现负责的人"。知识成为继土地、劳动力和资本之后，最重要的资源，它创造了新的社会动力、经济动力以及新的世界政治格局。

进入20世纪末期，在ABCD等新技术革命力量的推动下，知识的运用和表现不再仅仅是人的专利，人工智能与人共生，知识意义又一次发生根本性的转变，那就是知识不再仅仅应用于知识本身，而是被应用于知识创造，也即步入了第四次革命（2001年至今）：知识革命（陈春花，2018），知识对知识本身的革命。沿着这个思路，经理人的定义改变为"为知识的创造及表现负责的人"。而知识革命下，组织存在的价值是聚集一批有创造力的个体共同完成一个伟大的使命。正如谷歌，正是知识革命的典范，成立于知识革命的时代。

中国自改革开放以来，用短短40余年完成了西方国家220多年的发展，快速地经历了工业革命、生产力革命、管理革命和知识革命。当今的中国经历着其他所有国家都没有的特殊时代——四种革命并存的时代。

2012年以字节跳动为代表的新型互联网企业横空出世，一部分先行的组织正在从管理革命快速地迈进知识革命，从而催生OKR的快速发展。生产力革命下的计划与控制和管理革命强调的赋能与激励,已经不能满足知识革命时代下的组织发展,对于创造型人才来讲,你可能根本无法赋能于他,而是建立机制和环境来为平台所用,而不是所有。

知识革命下,组织的战略开始弱化,市场以10倍速在增长和变化,组织围绕"知识创造"来展开,战略和执行融合,不再区分,形成"普朗克链条"关键一环,构成OKR的基本要素:目标和关键成果。如图5-1所示,组织成功的新公式演进为:

组织成功 = 使命 × OKR

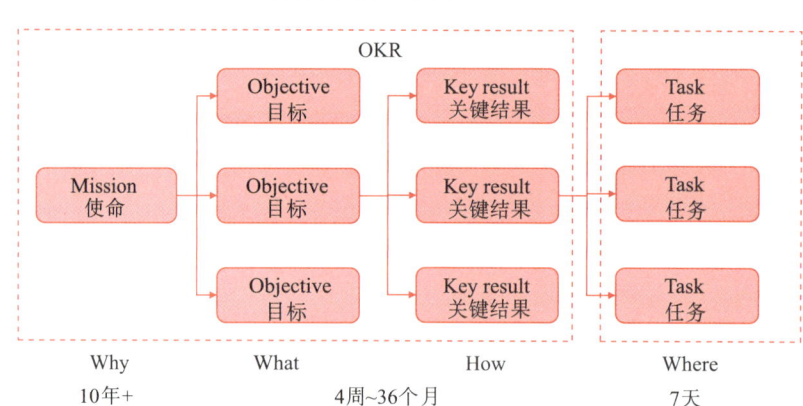

图5-1 组织成功的新公式

在使命的牵引下,OKR将一群富有创造力的人团结在一起,帮助沟通、量化并共同创造与实现宏大的目标。

6. 什么是"10倍速"经营思维?

"10倍速"经营思维是指对组织增长速度或产品服务规模按照"10倍速"原则制定宏大的目标,团队理解并能齐心协力地聚焦于"10倍速"增长的目标,并且据此捕捉机会、制定策略并付诸行动!

拉里·佩奇曾以"10倍速"经营思维带领谷歌实现超高速增长。对于大多组织来说，产品提升10%、收入增长10%就已经大喜过望了，但对于这位谷歌联合创始人来说还远远不够。在佩奇看来，提升10%意味着你做的事和其他人一样，你不会太失败，但也不会获得巨大成功。

正因如此，佩奇希望自己的员工创造出的产品和服务，比对手好10倍，公司增长要超过10倍速。这意味着，如果员工只是发现隐藏的效率、调整下代码，获得适度的增长，佩奇是不会满意的。要获得10倍的提升，需要对问题进行颠覆性的重新思考，极力探索技术、管理可能性的极点，并在此过程中获得更多乐趣。

10倍速经营思维是"往大处想"思维的具象化，我们将组织发展按照10倍速的路径来进行规划，并且运用OKR来达成，比如某科技公司的10倍速经营目标：

9月~12月要花4个月时间实现销售收入从100万元到1000万元的第一个"10倍速"；

第二年要实现销售收入从1000万元到10000万元的第二个"10倍速"；

第三到第五年要实现销售收入1亿元到10亿元的第三个"10倍速"。

7. OKR是什么？

OKR（Objectives and Key Results），直接翻译过来，就是"目标与关键结果"。OKR即目标与关键成果工作法，是一套明确目标并跟踪其完成情况的管理体系、工具和方法，OKR本质是在帮助我们沟通、量化并实现那些宏大的目标。

OKR源自于彼得·德鲁克的目标管理，由英特尔的传奇CEO安迪·格鲁夫创建。20世纪70年代约翰·杜尔在英特尔公司工作的时候，从格鲁夫那里学会了目标管理，把它带到谷歌，并推行到他们投资的公司。伴随知识革命的演进，OKR在全球得到越来越多的企业应用。2012年OKR进入中国，在中国包括字节跳动、华为、百度、万科等企业都运用 OKR 来进行目标管理，并取得非凡成绩。

OKR 本质是实现宏大目标，让每一个个体和组织都获得非凡的成就！

8. OKR 不是什么？

OKR 被称为战略落地的工作法，可以定位成目标管理工作法，可以定位成整合聚焦资源的工作法，可以是沟通协同的工作法，也可以是激发员工内在动力的工作法。OKR 就像一把"瑞士军刀"，在不同阶段，在不同的人手上，用法不同。重心可以不一样，但目的都一样，那就是实现宏大的目标。

OKR 不是什么呢？

第一，OKR 不是绩效考核工具。很多人、很多公司把 OKR 直接用作成绩效考核工具，那么从一开始就败了。

第二，OKR 不是万能的管理神器。很多组织问：用了 OKR，组织能力是不是一定能得到提高？实际上 OKR 会牵引组织能力的提升，但也需要组织做更多的工作。

第三，OKR 不是 KPI 的"老瓶装新酒"。有少部分的公司只是把 KPI 改名叫作 OKR，这样是不能起到效果的。

第四，OKR 不是定性管理。OKR 是量化目标的，在使用上每一个 KR（Key Result）都要是可衡量、可量化的，强有力地支持 O 的实现，OKR 的目标、结果和路径都是非常清晰的。

9. OKR能解决什么问题？

约翰·杜尔在《这就是OKR》一书中，详细阐述了OKR的作用，谷歌、字节跳动、华为、TCL、万科、百度、君润、AOL、Dropbox、领英、甲骨文、Spotify、盖茨基金会等组织都是OKR的拥趸。在实践中，OKR推动组织"10倍速"成长，因为OKR解决了以下问题：

（1）OKR是一种精准沟通的工具，高绩效组织应该聚焦重要的工作，同时清楚什么是不重要的。对于部门、团队和个人来说，OKR可以帮助他们始终围绕目标和关键结果来讨论沟通，快速推进目标的实现。

（2）OKR具有透明性，上至首席执行官，下至一般员工，每个人的目标都是公开的。这种自下而上的协同，将个人贡献与组织成功联系起来，给工作赋予了特定的意义。自下而上的OKR，通过加强员工的主人翁意识，促进了个人的参与和创新。

（3）OKR是量化目标的，由数据驱动的，定期检查、目标评分和持续的重新评估可以让OKR充满生机，而且所有这一切都是客观的、负责的。如果有决策或执行错误引起的危机或不良结果，量化的OKR也可以及时识别、及时修正或替换。

（4）OKR激励组织和员工不断超越之前设定的各种可能，甚至超越他们的想象。通过挑战极限和允许失败，OKR能够促使员工释放出最具创造力和雄心的自我。

10. 为什么需要"往大处想"?

Google X(谷歌进行硬件研发的神秘部门)团队的负责人阿斯特罗·泰勒说过:如果你要造一款省1/10汽油的车,只需对现行设计做些改动;但如果想造一款每加仑①油可以跑500英里②的汽车,那就得从头开始了。仅仅通过思考"我该如何从头开始?"这个问题,就可以刺激你萌生从未有过的想法。

除此之外,"从头开始""往大处想"还有其他微妙的好处。目标定得越大,成功的概率往往也越大,因为组织无法负担失败的损失,会不惜一切地死里求生。反之,如果你只是定了一个很小的目标,成功与否都不会威胁到组织的安危,那么便极有可能以平庸告终。

产品繁多却无一出彩的组织,在商界屡见不鲜。而当初 iPhone 之所以能够横空出世、大获成功,正是因为这是苹果公司制造的唯一一款手机。如果新一代 iPhone 的研发中遇到什么问题,一时想不出解决方案,团队中的任何人都绝不放弃。苹果公司的产品线精之又精,这并非巧合,因为每一款产品都"输不起"。

OKR 定目标就是要倡导挑战不可能,挑战越大,越能吸引顶尖人才。正如社会学家兼管理学大师罗莎贝斯·莫斯·坎特所说,挑战能磨炼技能、拓宽业内人脉,还能提高声誉,这就是经济学家所说的人力资本投资。出于这些因素,巨大的挑战往往能提供吸引以及留住创意精英的强大磁场。

巨大的挑战和资质过人、精于技术的人才之间存在着一种共生关系,也就是说,优秀人才能够解决问题,又能从挑战中得到满足。所以,组织不要畏惧提出挑战,不要吝于"往大处想",想得越大,越能够聚集人才,越有可

---

① 美国对汽油的常用度量单位,1 加仑(美)= 3.785 升。
② 美国对长度的常用度量单位,1 英里 = 1.609 千米。

能创造奇迹！

11. 推行 OKR 必须坚持的"6 不变"原则是什么？

当我们推行 OKR 的时候，要坚守"6 不变"原则，这是我们实施成功的前提：

（1）价值：创造价值是 OKR 的灵魂，每一个 OKR 都必须对组织有价值。如果是公益组织，就需要有公益价值；如果是政府部门，就需要有社会价值，为人民创造价值；如果是企业，就必须有商业价值，包括财务价值（实现增加收入或者降低成本）、客户价值、运营价值和员工成长价值等。

（2）透明：透明是 OKR 的基础，OKR 对于组织中的每一个人都应该是透明的，只有这样才能发挥 OKR 的威力。

（3）创新：创新是 OKR 的核心，唯有创新，才能不断找到更加高效的方式来达成目标，才能不断地挑战，实现不可能。

（4）聚焦：聚焦是 OKR 的关键，自下而上层层聚焦，勠力同心，把施力点缩窄缩小，用这种"针尖式"的压强原则来实现组织突破。

（5）对齐：对齐是 OKR 的手段，通过横向对齐，走出去，引进来，促进沟通协同。

（6）挑战：挑战是 OKR 的动力，每一个 OKR 都应该是有挑战的，要突破舒适圈。

12. 推行 OKR 必须坚持的"6 变"原则是什么？

OKR 是敏捷的战略框架，在组织经营过程中根据市场的变化可以随时调

整,并且必须调整。推行OKR必须坚持的"6变"原则包括:

(1) OKR的数量可以变,但不建议超过5个,对于第一次使用OKR的组织,建议先设立1个,随着公司能够熟练地使用OKR工作法,OKR个数可以逐步增加。

(2) OKR的周期可以变,组织根据自身的竞争需要,可以设置并调整OKR周期,通常是3个月,字节跳动是2个月,大多数电商平台是1个月。

(3) OKR的关键结果可以变,在制定出OKR后,在实施过程中发现更重要的或者更能衡量目标达成的里程碑,我们可以增加关键结果,也可以删除之前的。

(4) OKR的评价可以变,OKR的评价在0~1(后文详述),是写给自己的,并公开给所有的人,可以根据实际的完成情况随时调整。

(5) OKR的优先级可以变,每一个OKR都需要确定优先级,在实施过程中,对于高优先级的OKR要保证其所需的资源。

(6) OKR信心值可以变,随着时间的推移,OKR的信心值要实时调整,管理者要时刻关心团队和员工的信心值变化并采取赋能措施。

13. 空洞的OKR有哪些特征?

空洞的OKR,是指不按照OKR的"6不变"原则设置,只是一些空洞的管理姿态的OKR,不透明、不取舍、不挑战、不解耦,无法起到激励员工的作用,纯属浪费时间。

(1) 不透明,是指公司最高负责人不愿意将自己的OKR公布出来,同事之间、上下级之间不能看到彼此的OKR和任务进展。

(2) 不取舍,是指在OKR制定和日常工作中不能认真权衡取舍哪些OKR是更重要的、哪些需要优化、哪些优先级最高。

(3) 不挑战,是指OKR的设定不是整个组织或个人发自内心真正想干的事情，不能让人兴奋起来。

（4）不解耦，就是不愿意将之与绩效考核分开处理，OKR 的实现与绩效紧密结合或直接挂钩。

这些都是工业革命和生产力革命带来的习惯，部分也是企业家个人的管理行为。而 OKR 是激励性的管理工具，如果把传统管理思维照搬过来，只会造成 OKR 的空洞、无效。所以团队需要清晰地知道这些，不要落入窠臼。

14. OKR 与内在动机理论的关系是什么？

自我决定理论是由美国心理学家爱德华·德西和理查德·瑞安等人在 20 世纪 80 年代提出的一种关于人类在社会情境中的人格发展与机能的宏观动机理论。自我决定理论认为，胜任需求、自主性需求、关系需求是影响人类动机的先天心理需求。不同的目标内容和不同的调节过程会影响 3 种需求的满足程度，而不同的满足程度直接影响到所形成动机的不同类型。

按影响行为的自我决定程度的因果轨迹和调节的类型，自我决定理论将动机从一个连续体的状态分为缺乏动机和动机两大类，动机部分分为外在动机和内在动机，而外在动机又按"内在化"程度的不同而被分为外在调节型、摄入调节型、认同调节型、整合调节型。

总体来讲，依据自主性程度的由弱到强，外在调节型和摄入调节型外在动机属于控制型动机（比如，只有老板在时我才努力工作）；认同调节型、整合调节型和内在动机属于自主型动机（比如，即使老板不在我也会努力工作）。内在动机是自主型动机的原型和特例。自我决定连续体如图 14-1 所示。自我决定理论的中心是自主型动机和控制型动机的区别。

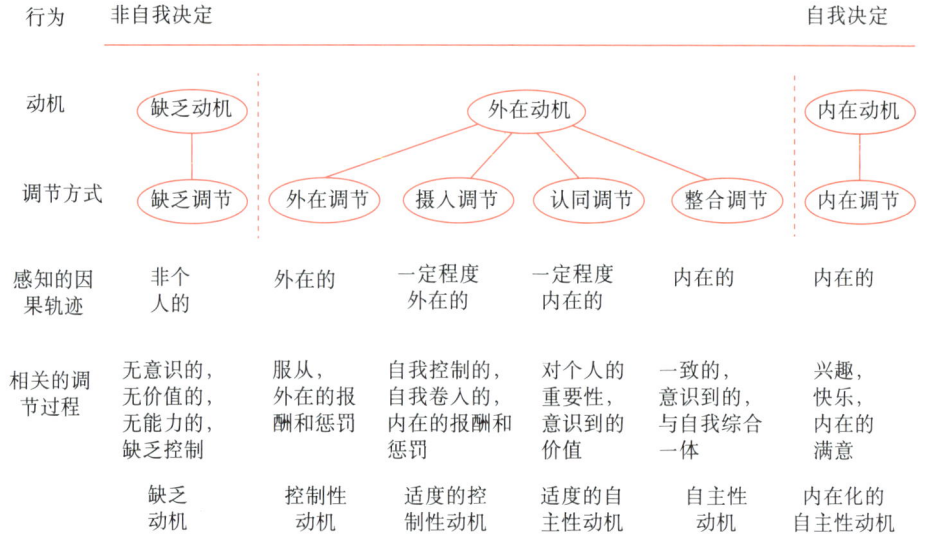

图 14-1 自我决定连续体

用一张图来描述 OKR 和内在动机的关系,如图 14-2 所示:

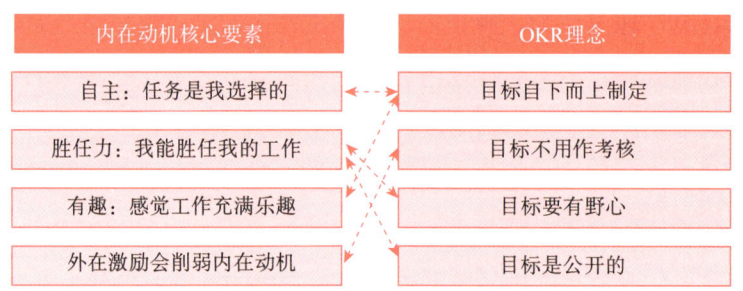

图 14-2 OKR 和内在动机的关系

(1) OKR 强调自下而上制定,让员工有基于自己兴趣和特长选择工作的自由,这正好体现了内在动机里的"自主"和"有趣"要素;

(2) OKR 强调目标要有野心,是为了让员工在挑战自我的过程中有"胜任感";

(3) OKR 强调目标要全员公开,也是为了激发员工在社会比较中的"胜任感";

(4) OKR 的目标不用于考核,是为了避免外在激励对内在动机的影响。

15. 什么是 KPI？

关键绩效指标（KPI，Key Performance Index）是一个量化管理指标，它表明公司实现关键业务目标的有效性。组织和员工在多个层次上使用 KPI 来评估他们在实现目标方面的成果。高层次 KPI 可能关注业务的整体绩效，而低层级 KPI 可能关注销售、市场营销、人力资源、支持等部门的流程。

牛津词典对关键绩效指标的定义为：一种可量化的衡量标准，用于评估组织、员工等在实现绩效目标方面的成功与否；Investopedia 对 KPI 的定义是：公司用来衡量其绩效的一组可量化指标；麦克米伦字典对关键绩效指标的定义：衡量一个组织的有效性及其实现目标的进展的一种方法。

KPI 管理法是将公司关键业务目标分解成关键绩效指标（KPI），并将其制定、绩效评价和绩效激励分配紧密挂钩，来驱动管理层和员工实现公司关键业务指标。

16. KPI 失效的表现有哪些？

KPI 作为生产力革命时代下非常有效的管理工具和方法，通过对市场环境的把握，围绕公司战略，制定组织增长的关键指标，并与个人、团队绩效紧密挂钩，从而推动组织成长。但是到了知识革命时代，由于技术、环境、人员和组织的改变，KPI 开始不断失效。

第一，策略失效。战略和市场目标都在不断地变化。比如，我们公司的日活跃用户数量能够做到 5 亿，但竞争对手正在以更快的速度往前走，我们的目标要不要调整？一定要调整，所以公司策略要不断地变化来超越市场的变化。

第二，路径失效。在讲 KPI 时，有一个重要的词叫逐层分解，代表了一种路径依赖，确定各个部门的 KPI 后，分解到每个岗位或下面的层级，所有的智慧和决策都集中在最顶层。但是当下的组织更多的是生态化，很多智慧其实是来自于组织的员工，而不是顶层，这就是路径失效。

第三，激励失效。越来越多的人特别是"80 后""90 后"甚至"00 后"员工进入了职场，他们跟上一代人非常不一样，他们会有主张地去选择工作的平台，和这个平台共同成长。所以当我们仅仅用金钱的激励去刺激他们的时候，会发现不再像以往那么立竿见影，甚至还起到反作用，这就是激励失效。

17. 为什么要"去 KPI 化"？

近几年，包括小米、百度在内的各大互联网公司纷纷喊出"去 KPI 化"的口号。"去 KPI 化"是因为在知识革命下，KPI 已经无法有效地帮助组织实现宏大目标，对于一个有宏大抱负和伟大使命的组织来讲，必须"去 KPI 化"。KPI 对企业发展的桎梏主要在于：

（1）KPI 是绩效驱动，绩效工资和奖金严格与 KPI 完成情况挂钩，忽略对于组织使命和个人动机肯定，无法最大限度地激发员工的内在动力。

（2）KPI 考核的前提是需要对整个战略地图有清晰的洞察，关键绩效指标的好坏直接决定了整个公司的运营，并且通常假设它在一年内是不改变的，然而在当今时代，市场是高速变化的，假定一年不变是不符合市场竞争环境的。

（3）非常全面、复杂的 KPI 又会极大地增加员工的心理负担、考核成本、流程复杂度等，以致严重影响效率。

（4）因为 KPI 和绩效挂钩，员工不愿意设置富有挑战性的目标，反而尽可能地降低目标,这不仅仅压抑了员工的创造力,而且使公司丧失更多的市场机会。

所以,在知识革命下,"去KPI化"是大势所趋。对于有强大自驱力的员工或团队,把原始的、未经量化的宏观目标给他,让他自己去量化、去挑战,才是最好的方式。

18. OKR与KPI的十大区别是什么?

OKR是目标管理方法,而KPI是绩效管理方法,我们从价值创造、价值评价和价值分配三方面共10个维度来看两者的区别,如图18-1所示。

		OKR	KPI
价值创造		使命驱动	绩效驱动
		聚焦目标	聚焦指标
		自下而上	自上而下
		自驱挑战性	被动承接性
		强调过程	强调结果
		动态调整	静态执行
		实时辅导	事后辅导
		量化目标	量化指标
价值评价		输入	挂钩
价值分配		脱钩	挂钩

图18-1 OKR和KPI的区别

(1) OKR由使命驱动,OKR中的每一个目标与关键结果都是围绕使命来展开的,即"我创建这个OKR是因为这是我愿意做的,是我内心最渴望的";KPI围绕绩效来展开,是绩效驱动的,即"我完成KPI是为了拿到绩效工资和奖金"。

(2) OKR聚焦目标,强调聚焦方向,我们围绕方向采取主动措施,随时调整；而 KPI 聚焦指标，我们围绕关键绩效指标来展开工作。

（3）OKR 是自下而上的，从基层员工层层向上聚焦，从"要我干"转变为"我要干"；而 KPI 是自上而下的，层层分解指标，层层加码。

（4）OKR 是自驱挑战性，每一个目标都是有野心的；KPI 是被动承接性，都是被动承接上级和公司的工作。

（5）OKR 非常强调对于过程的跟踪，每周进行周例会，时刻修正偏离的方向，解决问题，激发斗志；而 KPI 强调结果，要求结果，但实质关心的是指标结果，这些指标是否真的能支持公司目标实现却不重要。

（6）OKR 是动态调整的，时刻根据市场的变化，动态调整关键行动；而 KPI 是静态执行，一旦确定，指标很难改变，即使外部竞争环境已经发生了剧烈变化，还是坚守指标。

（7）OKR 通过 CFR[①] "1 对 1"的节奏对员工来进行辅导，解决员工各种问题，提升能力；而 KPI 是在一个周期结束后（通常都是半年后）才进行辅导，往往因为没有结合实际工作，大部分的辅导缺乏有效性。

（8）OKR 通过 KR 来量化目标，让大家清晰地知道目标怎么才能完成，并且持续去努力；而 KPI 量化的是指标，时刻关注指标数据变化，数据变化背后的意义很少人关心。

（9）OKR 和价值评价是解耦的，OKR 的结果作为价值评价的因素之一输入；而 KPI 与价值评价是严格挂钩的，KPI 的达成直接决定价值评价。

（10）OKR 与价值分配脱钩；而 KPI 直接影响价值分配，KPI 的完成好坏基本决定"金钱"收益多少。

---

① C 是指 Conversation，即对话；F 是指 Feedback，即反馈；R 是指 Recognition，即认知。CFR 强调的是沟通、反馈和认可的一个闭环过程。

第二篇

OKR 的价值
——为什么要用 OKR

每一位企业家都是务实的,每一个管理方法都需要为组织解决发展过程中实实在在的问题,推进组织成长。OKR 经过 50 多年的发展和实践,越发显示出蓬勃的生机。正是因为它能够解决知识革命下管理的问题,能够激发员工的创意和动力,推动组织 10 倍速增长。

英特尔的传奇 CEO 安迪·格鲁夫评价 OKR 时说:"这是一个非常非常简单的系统",真的如此吗?OKR 能带来什么核心价值?它适用所有组织吗?对组织、对管理者、对员工分别有什么样的价值?OKR 为什么能带来这些价值?理解这些问题是我们开始行动的基础。

19. OKR能发挥什么核心价值？

OKR本质是帮助沟通、量化并实现宏大的目标。OKR之父约翰·杜尔总结了OKR的4个核心价值。

（一）核心价值一：聚焦和承诺

没有任何组织能一次完成所有的事情，高效的组织往往将资源和精力聚焦在少数重要的事情上。在大多数情况下，季度OKR的目标数量往往在3~5个，目标过多会削弱组织和个人对重点的关注。除了控制数量，设置明确的完成时间也可以进一步突出工作的重点。

除了聚焦以外，在实施OKR时，管理层必须公开对目标做出承诺。正如曾经的财捷集团CEO比尔·坎贝尔所说的那样："当你身为CEO或创始人的时候，你必须说'这就是我们正在做的事情'，然后你必须树立榜样。因为，如果你不以身作则，没有人会真正在意这一目标。"

（二）核心价值二：沟通和协同

《哈佛商业评论》的研究结果显示，与普通组织相比，员工协同程度高的组织业绩突出的可能性要高出一倍以上。随着组织规模不断扩大，员工之间的协同难度也会增加，不同员工在无意中做着同一件事的情况时有发生，这是对人力、物力的巨大浪费。

OKR具有透明性，从管理层到基层员工，每个人的目标都是公开的。制定OKR的过程，也是组织上下充分沟通的过程。在这个过程中，成员之间能够了解彼此的目标和需求，更好地进行协同。因此，公开透明的OKR既能加强员工间的协同配合，也能及时暴露出重复、冗余的工作，为组织节省大量时间、金钱和人力。

（三）核心价值三：跟踪进展

在美国加州开展的一项研究表明，设定目标后，每周向他人发送进度报告的人，达成目标的可能性比不与他人分享进展的高43%。由此可见，跟踪进展对达成目标至关重要。在跟踪过程中得到的关于目标实现状况的反馈，无论是正面的还是负面的，对组织和个人而言都非常有价值。

正面的反馈，例如明显的进步，为组织和个人提供了一种积极的推动力量。丹尼尔·皮克曾在《驱动力》一书中谈到，对个体而言，最大的刺激因素是"在工作中取得进步"，人们取得进步的时候是他们感到最积极、最投入的时候。而负面的反馈能防止组织和个人朝错误的方向越走越远，他说："人们可以从失败中学习，继续前进，挫折中也孕育着未来成功的机遇"。

（四）核心价值四：挑战不可能

对任何想要长足发展并保持兴旺的组织而言，突破极限、勇攀高峰的信念必不可少。OKR鼓励挑战极限并允许失败，驱动人们释放出最具创造力和雄心的自我，从而激励组织和个人不断超越过去。

谷歌的创始人拉里·佩奇曾说过，"大多数人倾向于认为某件事是不可能的，而不是回归现实世界的本源，去寻找实现它的机会。"正是因为勇于挑战不可能，不断探索、创新，谷歌才能拥有今日的成就。正是OKR，给了组织和员工试错和挑战的空间。

20. OKR对团队、管理者和员工的价值分别有哪些？

OKR对团队的价值包括：更公正的绩效评价，对员工绩效的促进，打破官僚层级束缚，实现更为灵活的工作形式，员工更加敢于挑战自我，提升团队工作氛围，提高团队领导力。

OKR对管理者的价值包括：减少了跨部门之间的无效沟通，大家围绕目标来做事，简单高效；更加聚焦于赋能员工，帮助员工成长；使管理者的工作从解决问题的"救火队"中解脱出来，聚焦于最重要的事情；激发个人的领导力，推动管理者朝更高层级迈进；有了强有力的管理抓手，管理有节奏，工作有方法。

OKR对员工的价值包括：使员工快速了解公司及其他团队的目标及工作进展，节约信息交流时间；方便公司领导了解自己的产品和价值；方便部门同事的沟通协作；助推员工突破自我，实现其在工作中的价值；工作氛围变轻松了，同事协同更加容易、相处更加融洽。

21. OKR适用于哪些组织？

OKR在全球的实践经验表明，无论在组织的哪个发展阶段，无论组织的规模和实力如何，都可以运用OKR。约翰·杜尔在《这就是OKR》一书中写道：

"在规模比较小的初创组织中，员工需要朝着共同的方向努力，OKR是一种生存工具。在创业伊始、资源匮乏的时期，清晰的方向至关重要。"

"在中等规模和快速扩张的组织中，OKR是通用的执行语言。OKR明确了预期：需要尽快做什么，以及具体由谁来执行。OKR让员工的垂直目标和水平目标都能够保持一致。"

"在大型组织中，OKR就像闪烁的路标，能够在不同部门的员工之间建立联系，赋予一线员工特定的自主权，让他们能够提出新的解决方案。而且，OKR也能够帮助最为成功的组织建立起更为远大的目标。"

众多实践案例表明：无论是互联网等高科技公司，是传统的制造业和服务业企业，还是公益组织，OKR都可以在其运营和成长中发挥巨大作用。OKR就像一把"瑞士军刀"，形态万千，在实践中能够适用于各式各样的组织。

22. 透明的 OKR 体系有什么益处？

"很多正在进行的工作是无效的，但问题是，我不知道到底是哪些工作"，知识社会下的管理者很多都有这种困扰；对于这样创新型、高挑战、多协同、多变化业务的组织，这个问题尤其严重。谷歌的解决办法是：让 OKR 体系全部公开透明，每个团队、小组、个人，都必须设定 OKR 并公示，公开接受评价，并根据反馈修正；OKR 确定后，还必须实时更新每个 OKR 的进展。透明的 OKR 体系有以下益处：

（1）员工能够自主制定更有价值的目标。史蒂夫·乔布斯说"不要雇佣聪明人，然后告诉他们去做什么；而是要让他们告诉我们，应该做什么（We don't hire smart people to tell them what to do. We hire smart people so they can tell us what to do）。"透明的 OKR 体系，让每个人都能完整追溯自己的目标来源，理解"为什么做"，我的职责是满足哪些客户需求？支持哪些上层/协同岗位目标（或称内部客户需求）？内部客户的目标源自哪里？有了清晰的答案，员工才能正确决策"做什么"，并制定有效的 KR，即"如何做"。

（2）促进跨部门协同。协同不是指"对全部协同部门提出的全部需求都全部满足"，而是明确告诉其他部门"我能提供什么价值"，并把这种价值做到极致，即聚焦最有价值的工作，牢牢站在聚焦点上，向其他部门稳定输出在这一点上的最高水平支持。对于需要多团队支持的目标，透明的 OKR 体系可以避免各团队工作内容的重叠，每个团队都必须贡献自己的独特价值。透明的 OKR 体系对于高层管理者是一张动态的作战地图，你可以清楚看到哪个战场需要加派更多资源；而对于团队和个人来说，OKR 体系是一张寻求支持的路线图，你可以快速找到能够支持你的队友，并且不用担心会被拒绝，因为那正是他的职责所在。

（3）激发员工挑战高目标。一方面，公开能够促进公平感，为什么有些团队能够获得更多资源？为什么有些人升职较快？因为他们始终致力于更有价值的 OKR，公开性让大家都看得到这样的因果关系。另一方面，为了赢得支持和认可，团队和个人也会自主挑战高价值目标，并在表述 OKR 时力求让所有利益相关方看得懂、感兴趣。如果被别人认为"他们每天都在做些没用的事"，这样的团队在透明的 OKR 体系中会自然地被边缘化甚至解散；所以，"他们的 OKR 如此重要，理应获得更多资源和机会"，公开性让每一个团队和员工都朝着这样的方向努力。

（4）将管理渗透至每位员工每天工作的习惯中。"公开透明"是 OKR 发挥作用的关键；因为公开透明，员工会更加审慎地思考制定 OKR，更重要的是在日常工作中更依赖 OKR。在谷歌内网，每个人的 OKR 就显示在个人主页最醒目的位置，谷歌人已养成经常查看所有利益相关方 OKR 的习惯，甚至是与自己不直接相关的员工的 OKR，谷歌的"20% 时间（允许工程师拿出 20% 的时间来研究自己喜欢的项目）"制度不仅让员工有机会参与职责以外的工作，也让很多员工惊喜地得到了来自协同网络以外的支持，因为谷歌人相信 OKR 让自己与组织共赢。

23. 为什么说 OKR 可以促进团队协同？

OKR 可以促进团队协同，因为 OKR 是透明的，设置 OKR 的过程，是组织内部非常难得的一次或多次沟通机会。每个人制定好 OKR 之后，必须全部公开，这也就让每个人都知道组织内部的其他人当下最关注的事情是什么。当所有人的目标都清晰可见的时候，沟通成本就会大幅降低。

美国有一款很火的健身应用，叫 My Fitness Pal，在拿到 A 轮投资之后，这家公司就开始使用 OKR。公司的产品经理多，提的需求也多，工程师团队面临着先解决哪些需求、后解决哪些需求的问题。于是，这家公司在 OKR 周例会议上要求各个部门的负责人把下一阶段的需求先说出来，再一起商量如何协同解决，并把讨论结果写到OKR中，随后公之于众。OKR的作用就在于，每开一次这样的会议，协同效果就能增进一些。

24. 为什么说OKR可以更好地进行结果追踪？

OKR有明确且具体的时间进度，并且对目标进行了量化，所以非常容易跟踪。

我们举一个盖茨基金会的例子，盖茨基金会在2000年成立的时候，就拥有200亿美元的真金白银，而且按照它的运作机制，盖茨基金会每年要花出去至少10亿美元。那么，怎样评价这10亿美元的使用效果呢？盖茨基金会采用了OKR。

盖茨基金会的其中一个目标，是消灭麦地那龙线虫病，这是一种曾经在非洲很多国家肆虐的疾病。盖茨基金会采取了循序渐进的方式，从最严重的地区开始，每年设定新的关键结果，盯住一个数字，就是发病人数。只要这种人数达成关键结果，并不断减少，就说明工作是有效的。目前，这种疾病全球每年发病人数已经从2000年的7500多例，下降到2015年的22例，距离最终根除的目标已经非常接近了。

这就是OKR对结果的追踪效果，简单明了，时间明确，数据可比。

25. 为什么说OKR可以推动组织挑战不可能？

OKR会激励人不断向更高的结果迈进，挑战不可能。首先，OKR的输入是使命，并用"10倍速"经营思维来规划组织的未来发展目标；其次，OKR的设定是自下而上的，由员工自己来决定如何支持公司和同事们的OKR；最后，OKR 是鼓励员工挑战的，与绩效脱钩的，目标的设定就是挑战不可能。

谷歌 Chrome 浏览器的发展就是个鲜活的例子。

第一年，当时的负责人桑达尔·皮查伊和团队设定的关键结果是七天活跃用户数达到 2000 万。皮查伊心里清楚，达到这个关键结果很难，但是他也知道，不断挑战能力极限是很重要的。

第二年，皮查伊和团队将关键结果定为活跃用户数 5000 万。你可能要说，前一年的 2000 万都没有完成，这一年定为 5000 万，是不是有点草率了？皮查伊不是这么想的。前一年的失败，让他思考问题更深入。他想要传递给团队的想法是，尽管我们没有达到目标，但我们正在为突破这一障碍奠定基础。

第三年，皮查伊和团队将关键结果定为活跃用户数一个亿。这促使皮查伊重新思考 Chrome 业务的增长点。Chrome 在这一年从只能在 Windows 系统上使用，变成了可以在多个操作系统上使用，从而扩大了用户群。而且，他们还给那些休眠的用户发提醒，提醒他们使用 Chrome。到年底时，他们超额完成了既定的关键结果，七天活跃用户达到了一亿一千一百万。

Chrome 浏览器这个案例，体现了 OKR 催人奋进的力量。它让你能够紧追关键结果，最终会超出你的想象。

26. 为什么说 OKR 是责任追溯的利器？

数据，还是数据。OKR 用数据量化目标，"用数据说话"已成共识，数据会清晰地呈现你想要看到的内容，以便实时跟踪。数据通常会与信息化 OKR 平台结合起来，直观呈现，毕竟如果你在超过千人、万人的大型公司，每个季度复盘一下，收表格、做统计、写报告，就过于烦琐了。

此外，OKR 的应用中，要持续不断地检查、讨论、复盘，这让我们更清晰地看到有没有哪个环节出了问题，是谁的责任，方向是否走偏。

至于团队对 OKR 检查的频率、讨论的形式、复盘的形式，不必拘泥于固定的频率以及条条框框的束缚，也可以借鉴谷歌、英特尔等一些做得不错的公司，"抄作业"还是不难的。

27. 为什么说 OKR 能促进信任？

缺乏信任是职场生产力的沉默杀手之一。令人震惊的是，在一项调查中，70%的员工表示感到自己脱离了工作，会使公司蒙受巨额损失；同时，40%的员工表示他们甚至不知道公司的三大主要目标是什么。经济学家和心理学家保罗·扎克发现，缺乏信任是造成工作压力大和员工士气低的主要原因之一。

员工对公司缺乏信任，不了解公司目标，自己埋头工作，自己独立决策，无法帮助公司实现目标，会导致员工处于更高的长期压力水平。

实验表明，就像信任感一样，具有较强的目标感会刺激催产素的产生，然后，信任感和目标感就会相互强化，为催产素的延长释放提供机制，从而使人产生持续的幸福感。因此，工作的乐趣来自与值得信赖的团队一起进行以目标为导向的工作。

OKR 可以通过明确目标，并为每个团队成员提供推动这些目标前进所需的资源，来帮助建立信任文化。他们可以帮助组织营造一个环境，每个人在制定公司目标时都有发言权，知道组织正在朝着什么目标努力，并可以自由选择如何工作以实现这些目标。

28. OKR 如何为团队创造焦点？

在《管理学院学报》上发表的一项研究中，安德鲁·卡顿、乍得·墨菲和乔纳森·克拉克三位学者分析了人们对两种语言的反应：具体的和图像驱动的。因为他们看到很多领导者试图用诸如"我们希望成为世界领先的奢侈品销售商"之类的概念性语言来激励他们的团队。

三位学者发现，为了真正实现重要的目标，需要更多地依赖"基于图像的词语"。与其试图让你的员工从"成为世界领先的奢侈品销售"的目标中获得启发，不如让他们追求"看到客户离开我们的商店时面带微笑"的目标。

这是因为图像驱动的修辞造就了人们更强的共享认知感，这定义了"不同的个体如何对具体的现实和抽象的概念达成相同的理解。"换句话说，人们如何结成同盟。

OKR 使每个团队成员都容易理解为了实现共同目标所需要采取的措施，因为 OKR 将公司的总体使命和宏大愿景与实现这些目标所需要的特定的、可衡量的步骤紧密联系在一起，并且给出了图像驱动的概念。

29. OKR 如何让员工自由表达？

团队合作依赖于信息和思想的自由交流，通过一项对工作团队的研究发现，创造这种自由取决于创造一个工作场所，让团队成员觉得在其中表达自己的想法是安全的。

安全感被定义为"团队成员所持有的共同信念，即团队对人际风险承担的安全性"，虽然安全感对生产力没有直接影响，但它可以提升团队中的学习氛围和能力。这种能力，反过来可以使团队工作更富有成效。

这种心理安全的想法并不新鲜，它也是谷歌管理实践成功秘密的一部分。该研究发现，与各方经验相比，各方能平等参与团队会议更为有效，更能促进团队的成功。通过确保每个人都能畅所欲言，谷歌创建了更多高绩效团队。

正确设置的 OKR 可以建立一个心理安全环境，它们使管理人员可以为每个人设定合适的目标，为团队设定共同的目标，也促使员工自由地找到实现这些目标的最佳方法。

因为 OKR 不是评估员工绩效的工具，使用 OKR 时，员工不必循规蹈矩，不用思考并承担经过计算的风险，员工可以保持雄心勃勃的斗志去实现挑战性目标。

30. OKR 怎么帮助谷歌做出世界上最好的浏览器？

2008 年，现在的谷歌公司总裁桑达尔·皮查伊还在负责谷歌工具栏的开发。他接到了一个项目，目标是做出世界上最好的网络浏览器。要实现这个目标，需要将什么作为关键结果呢？是浏览器的下载量么？是浏览器的好评数量么？是浏览器的使用时长么？皮查伊和团队讨论了很多天，最终确定了一个关键结果：浏览器的使用人数。因为他们相信，用户自己会判断哪个浏览器更好用。

2008 年当年，皮查伊将关键结果定为：在一年的时间里，让浏览器的使用人数达到 2000 万。这个关键结果非常明确，完成时限是一年，非常具有挑战性，但是凭借谷歌搜索以及其他产品当时聚集的 1.47 亿次的访问量，也并不是不可能实现。2000 万这个数字，就是衡量标准，在一年之后，可以非常容易地进行验证，关键结果是达成了，还是没达成。

因此，这就是一个好的关键结果。而后来的故事，你可能已经知道了，谷歌推出的 Chrome 浏览器，现在已经是全世界使用人数最多的浏览器，全球市场份额超过 60%，远远超过了 Windows 系统自带的 IE 浏览器。

31. 谷歌是从什么时候开始用 OKR?

在谷歌未满一周岁时，Kleiner Perkins（知名风险投资公司，KPCB 成员）就投资了谷歌。作为 OKR 的强烈推动者，约翰·杜尔主动来谷歌给拉里·佩奇和谢尔盖·布林管理团队介绍 OKR。OKR 最初来自英特尔，为公司、团队、个人量身定制。在史蒂芬·列维叙述谷歌发展初期故事的《In the Plex》中，提到了 OKR 几个重要的点：

（1）OKR 要是可量化的（包括时间和数量），比如不能说"使 Gmail 达到成功"而是"在 9 月上线 Gmail 并在 11 月有 100 万用户"；

（2）目标要是有野心的、有挑战的，甚至有些让你不舒服的。一般来说，1 为总分的评分，达到 0.6～0.7 就是较好的了，这样你才会不断为目标而奋斗，而不会出现期限不到就完成目标的情况；

（3）每个人的 OKR 在全公司都是公开透明的。比如每个人的介绍页里面就放着他们的 OKR 的记录，包括内容和评分。

谷歌从两位创始人到谷歌的每一名员工，都会以季度为单位，不断公布和校准公司和个人的 OKR，这一习惯一直延续至今，从未中断。在谷歌工作的每一个人，都会自觉地把自己的 OKR 放在自己的网页上，让所有人都能看到。

可以说，在谷歌公司从一家"车库创业公司"，发展成为互联网行业"巨无霸"的过程中，OKR 是重要的推手。

32. 谷歌资源配置的原则是什么？

谷歌按照70/20/10的原则来进行资源配置，70%的资源配置给核心业务，20%分配给新兴产品，剩下的10%投在创新产品上。之所以只分配10%的资源给创新产品，是出于"创新源于限制"，与毫不设限的研究创新相比，加入强制性限制条件更能激发在生产和销售方面的发现，资源上的稀缺是激发创意的催化剂。

70/20/10原则确保核心业务占有大部分资源，蓬勃发展中的新兴业务可享受一定的投资，而与此同时，对异想天开的疯狂构想也保证了一定的支持，以防其成为预算削减的牺牲品。10%的资源并不算多，但也合理，投入过多与投入不足同样不可取。因为与投入几千美元的构想相比，耗资百万美元的构想要难以舍弃得多，过度投资只会让人产生固执的偏见，难以理性看待已经投入大量资源的项目，无法做出清醒的决策。而没有前期投资，再精妙的构想也是"巧妇难为无米之炊"，项目不可能落地。

除了70/20/10原则，谷歌还有一个"20%时间制"。谷歌允许工程师拿出20%的时间研究自己喜欢的项目，不过，20%的时间并不是说周五就是自由的"夏令营"，20%的时间可能意味着整个工作时间变成120%，因为20%往往是晚上或者周末。

33. 什么是谷歌的"高价值的探路石"？

谷歌对"探路石"的定义是：用尽可能少的成本，充分验证某个方向的可行性。"探路石"有时是对用户的洞察，如谷歌对自动驾驶汽车的最初设想是：大部分时间自动驾驶，在紧急情况下交给司机操作，但这一设想很快被证明是不安全的，因为司机在汽车自动驾驶时很难保持警觉，无法对紧急情况及时反应。所以谷歌重设了自动驾驶汽车的基本模式：没有方向盘和刹车，用户不需要参与任何驾驶工作。这种"完全自动驾驶"汽车已取得了初步成功。谷歌非常庆幸在项目早期就推翻了最初设想，因为这省去了大量对"半自动驾驶模式"的研发测试成本。

"探路石"有时是技术可行性探索。在谷歌，技术探索会从最难的问题开始，即：哪些问题最有可能导致项目失败，就首先研究哪些问题。这些问题包括降低成本、扩展应用范围、适应恶劣环境等，每个问题的研究结论都有可能是"当前无法解决"，此时项目就会暂停，直至发现了新的解决方案后再考虑是否继续。如谷歌 X 实验室负责人阿斯特罗·泰勒所说：只有不可能失败的项目才会成功（Projects at X succeed only when they fail to fail）。

谷歌所说的"上一周期未达成的 OKR，如无必要，不带入下一周期"，特指"探路石"。如果能够充分证明未达成的 OKR 属于"探路石"，承接该 OKR 的小组的绩效评价不会受影响；如果能从中提炼更深刻的用户洞察，或减少后续的技术试错成本，还会获得奖励。这不仅是出于公平——由方向选择失误等"完全与当事人无关的因素"导致的失败，当事人不应承担责任；更是为了提供心理安全感——奖励有价值的失败，员工才敢于挑战有难度的目标。

34. 推动更多公司走向 OKR 的原因是什么？

Gartner（高德纳咨询公司，又译顾能公司），全球最具权威的 IT 研究与顾问咨询公司，成立于 1979 年，总部设在美国康涅狄克州斯坦福。其研究范围覆盖全部 IT 产业，为决策者在投资风险和管理、营销策略、发展方向等重大问题上提供重要咨询建议，帮助决策者做出正确抉择。

Gartner 预测，OKR 在科技和其他垂直领域的应用将继续增长。Gartner 采访了正在使用 OKR 或计划使用 OKR 的公司，并得出结论："如果一家公司在战略的一致性以及响应性方面存在持续性问题，那么 OKR 绝对值得一试。"以下是 Gartner 总结的推动更多公司走向 OKR 的原因：

（1）远程工作和分布式团队：由新冠肺炎疫情引发的工作场所和工作流程的中断显然是一个因素。定义明确、应用透明的 OKR 在整个组织中的流程一致，使公司能够让他们分散的员工保持在同一页面上。可以预见的是，远程工作的趋势可能比流行病及其后遗症更久远，OKR 在减少其影响方面可以发挥作用。

（2）数字化的 OKR 平台：如果 OKR 只活在电子表格、幻灯片或内部维基中，那么对于管理者来说，它可能只是一个烦琐的框架。要想脱胎换骨，必须要切换到一个协调、自动化和可视化的平台，OKR 可以发挥巨大的作用。

（3）数字化转型：Gartner 称，随着越来越多的公司成为数字化转型者，他们也感到压力，亟需改变他们的战略方法。此外，许多人正在将产品的概念放在转型的核心位置。"如果你接受软件正在吞噬世界的前提，那么就把 OKR 看作是解心头之患的方法"。

（4）敏捷的扩展：OKR 是一种"战略结构"，它允许某些部门比其他部门更快地应对不断变化的环境。另外，OKR 的逻辑内在地迫使组织更加专注于创造最大价值的想法和举措。

35. OKR 的最佳实践原则有哪些？

Gartner 在推荐企业采用或改进 OKR 时，给出了一些最佳实践原则：

（1）采用结果思维方式："结果比产出更重要"，激励和鼓舞团队的目标是创新和速度的源泉。为了使 OKR 具有相关性，它们应该关注面向客户的结果，而不是组织的产出。

（2）驱动战略，而不是绩效评估：将员工绩效管理与团队OKR脱钩，可以使组织每季度都能超越自己。虽然组织的OKR可以在领导层设定，但如果团队在定义其关键成果方面有一定的参与度，那么他们就会"对自己所做的工作有更强的主人翁感"。OKR让团队可以自由地问"我们想实现什么？"而不是"现实点，我们能实现什么？"这有助于团队激发自己的野心，从而提升自己的成就。

（3）横向调整释放价值：跨越不同业务职能的OKR提供了更大的透明度、清晰度和问责制，从而更快地取得成果。横向团队在共同的成果上保持一致，是实现和提升组织价值的加速器。

（4）数字优先：当关键结果基于真实的量化数据，而不是某人的观点和意见时，OKR会更加有效。

（5）使用一个数字平台：提供精心设计的用户体验和相关的第三方集成，可以克服在整个组织推广OKR的任何"技术瓶颈"。

36. OKR在中国的发展呈现怎样的趋势？

2015年开始，OKR对中国各个行业的影响进程开始明晰起来。最开始接入OKR的主要以互联网公司和科技组织为主，比如华为、字节跳动、腾讯、阿里、京东、小米等。它们基本上是找到全新商业模式以及采用高新技术的第一批组织。随着OKR的推广与变革，传统行业也开始转型。

OKR开始走进金融行业，比如招商银行、平安银行、华泰证券、南方基金，随后高瓴、红杉等投资机构也开始逐步跟进，金融行业的这种变化基于它们对数字化转型的强烈要求，希望改变传统经营模式。更多的创业公司也喜欢敏捷、灵活的管理模式，纷纷开始采用OKR工作法。

尤其是经历了2020年新冠肺炎疫情之后，数字化转型成了新的组织主题。各行业都开始导入OKR，包括但不限于房地产、新能源汽车、医疗、人力资源服务、分布式存储、制造等等。

37. 中国组织可以用好 OKR 吗？

当然可以！张一鸣在创建字节跳动时就采用了 OKR 来管理他的组织和团队，字节跳动实行双月 OKR，人人都可查阅其他人的 OKR 详情，并根据其他人及团队整体的 OKR 情况进行动态调整优化，从而实现更好的协同。张一鸣自己的 OKR 也是公开的，员工们可以了解到老板们最近都在忙什么，这样其实也可以起到对照作用，让员工明白公司长远的目标，了解到自己的努力方向。

字节跳动在多个领域攻城略地，成为行业翘首，甚至成为在海外特别是美国市场让总统下令下架的 APP。OKR 在字节跳动的爆炸式增长中扮演了不可替代的角色，再次说明 OKR 在全球的适应性，也更加说明中国组织也可以用好 OKR。

另外一个很有说服力的例子是华为，其在 5G 领域的统治力以及鸿蒙操作系统的强大实力令人叹服。2017 年，华为做了一次绩效管理满意度调查，结果表示：开展 OKR 的团队在绩效管理各维度的满意度全面高于采用传统绩效管理方法的团队，其中对团队合作、工作自由度、发挥个人特长、组织开放度等方面的促进作用最为明显。

38. 中国企业复星为什么选择 OKR？

复星集团作为一家专注于中国的投资集团，也使用了 OKR。在复星使用 OKR 之前，复星高管层向自己提出了这样几个问题：

第一，使OKR发扬光大的谷歌等是科技类公司，复星是投资加产业运营的公司，而且产业相当多元，要不要用OKR，适合不适合用OKR？

第二，我们组织已经运营了这么多年了，在绩效管理方面有行之有效的方法和工具，为什么要换？

第三，如果使用OKR，会不会加大管理成本，得不偿失？

然后高管层快速给出了一些简要答案：

第一个答案：不能因为谷歌等科技类公司用了OKR就认为它是科技类公司的专利。不同产业类型都可以使用OKR。复星与谷歌等公司的本质是相同的：都想打造指数型组织，而OKR有助于这一目标的实现。

第二个答案：现有的KPI、MBO、BSC等传统绩效管理工具并不能解决所有的问题：目标定得不够有挑战性、指标跟不上市场的变化，除了财务类指标都很难量化、不够透明等等。用OKR，不是完全替代已有的方式和工具，更希望是补充、迭代。

第三个答案：在OKR工具的支持下，使用OKR并不会增加太多工作量。尤其是从长期投入回报角度来讲，这是非常有价值的工作。

第三篇

实施 OKR 前的准备
——需要准备哪些"弹药"

在 OKR 横空出世并被大范围推广之前,KPI 作为管理工具已被使用多年,尤其是在大中型组织中。在推行新的工作方法的时候,我们需要有一整套的方法论和工具来帮助我们梳理思路,确定行动方向。我们在推行 OKR 之前要准备哪些"弹药"?为什么要准备这些"弹药"?如何准备这些"弹药"?对于小微组织来讲,可能并没有这么复杂,但也适用同样的思路。事前的细致诊断、最高领导者的全力参与和员工的积极沟通都是取得成功的重要条件。

39. 英特尔价值观给组织带来什么价值？

我们的价值观指导着我们如何决策、如何沟通，它们指导着我们如何实现自身目标。英特尔的价值观是：创造改变世界的技术，提升所有人的生活品质。这些不仅是文字，更是将英特尔所有员工团结在一起的共同纽带。具体来讲，英特尔的价值观包括：

（1）无所畏惧（Fearless）——我们大胆创新。我们勇于冒险和快速失败并善于汲取教训，从而助力下次做得更好、更快和更明智。它对OKR的支持是：高目标的设定；高挑战的执行；迭代/学习；不断创新，成长。

（2）包容（Inclusion）——我们努力建立归属感文化。我们打造一个让每个人都能充分发挥潜能并创造最佳成果的空间。我们欢迎差异，知道差异会让我们变得更好。它对OKR的支持是：多元化团队；沟通及执行时的透明；相互赋能；组织创新，成长的源头。

（3）客户至上（Customer Obsessed）——我们倾听、了解、预测客户的需求，帮助他们实现梦想。客户的成功就是我们的成功。它对OKR的支持是：专注；认知；主动；目标制定和行动的聚焦。

（4）团结一致（One Intel）——我们彼此欣赏、尊重和信任。我们致力于团队而非个人的成功，团结让我们更加强大。我们心系创新，因为创新为每天的工作带来乐趣。它对OKR的支持是：团队文化；聚焦及对齐目标；一起成长，分享成功，在失败中学习。

（5）坦诚透明（Truth and Transparency）——我们致力于公开、诚实、及时地提供信息和反馈。我们本着实现最佳成果的精神积极进取。我们行事坚持以诚信为本。它对OKR的支持是：诚信；透明公开；主动积极。

（6）质量（Quality）——我们提供优质服务并确保工作场所的安全。我们拥有完善的规程，以提供始终值得客户及合作伙伴信赖的产品和服务。它对 OKR 的支持是：完善的系统和协调；不断学习、改进、迭代；值得并赢得信赖；制定及执行上的聚焦与对齐。

40. OKR 的 BLM 模型是什么？

OKR 的 BLM 模型（Business Leadership Model）是上书数字科技在 IBM 的 BLM 模型基础上发展出来的，旨在更好地制定 OKR 中的 O（目标）和 KR（关键结果）；对于每一个 OKR 来讲，思考的起点是聚焦 10 倍速增长，O 决定方向，KR 决定执行。其基本的分析路径如图 40-1 所示：

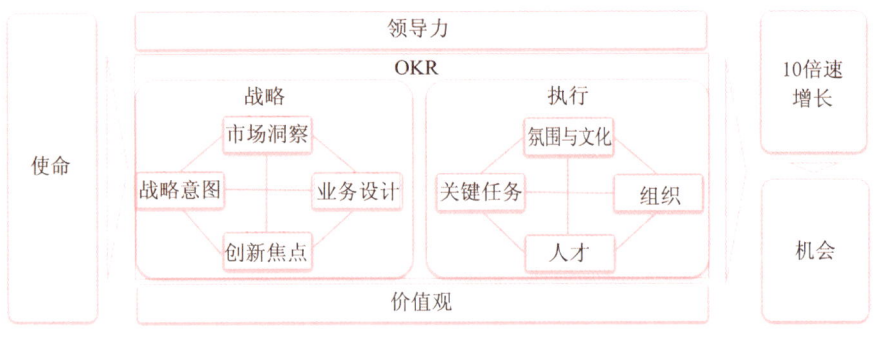

图 40-1 OKR 基本分析路径

（1）聚焦增长：我们是否都同意、理解并能齐心协力地聚焦于 10 倍速增长？

（2）牢记发心使命：我们为什么存在？

（3）价值观：对于我们来讲，什么是最重要的？

（4）确定战略：包括客户选择、价值主张、价值获取、活动范围、持续价值增值点。

（5）确定组织：我们需要什么样的组织来支持战略实现？

（6）盘点人才：我们的人才现状是什么？我们该如何发展我们的人才？

（7）文化与氛围：10 倍速增长需要什么氛围？我们采取什么措施来构建

文化与氛围？

（8）领导力：建立强有力的领导班子，推动 OKR 变革，我们面临的挑战是什么？

41. 公司使命与 OKR 如何关联？

公司使命是 OKR 的"1"，OKR 是"1"后面的"0"，按照 10 倍速思维持续加"0"，OKR 运营得越好，组织就越成功。

在实施 OKR 前，先明确公司的使命。使命和目标在上书 OKR–BLM 模型里有很多共通之处，它们都极具启发性和易于记忆。它们的关键区别在于时间的跨度：目标对应的只是一年或者一个季度，使命对应的时间则要长一些。使命让我们真正地理解组织为什么存在，OKR 在短期内给你明确的方向和里程碑，让你更专注。

实行没有使命的 OKR，就好像没有设定方向的飞机一样，在空中漫无目的地飞行，最终会因为耗尽燃料而坠落，机毁人亡。

所以，公司的使命必须与 OKR 紧密关联，我们在后文中会详细地讲解这个问题。

42. 战略意图帮助解决什么问题？

在明确使命后，确定战略意图是制定 OKR 的开始。1989 年，美国学者加里·哈默尔和 C.K. 普拉哈拉德发表了一篇标题为《战略意图》的文章，文中对战略意图所下的定义是：一个雄心勃勃的宏伟梦想，它是组织的动力之源，它能够为组织带来情感和智能上的双重能量，借此组织才能迈上未来的成功之旅。

战略意图是组织的心脏，应该表现出一种迎接未来挑战的张力——当前的资源与能力不足以完成组织所面临的任务和挑战。

哈默尔和普拉哈拉德认为战略意图具有以下三个方面的属性：方向、探索和命运。

（1）方向感（Sense of Direction）。组织对于构建今后 10 年左右的市场和竞争地位的观点。它是组织对于未来的看法，为组织提供统一的、深入人心的方向感。

（2）探索感（Sense of Discovery）。战略意图要能够于各种资源、能力中区分出着眼于未来的独特竞争能力。它能够带领组织员工去探索新的竞争天地。

（3）使命感（Sense of Destiny）。战略意图承接公司使命，它能够让员工感知到其内在价值。

43. 市场洞察是什么？

市场洞察是"10 倍速"增长的源头，往外看市场机会与威胁，往内看内部优势和劣势，从市场中来，到市场中去，以客户为中心，紧扣客户诉求，解决客户问题，为客户创造价值。

首先来看看整体逻辑框架。洞察市场，我们要先看总体业态环境与趋势，再看市场与客户，观察和剖析竞争对手，深度自我分析，综观以上重点，形成对业务机会的系统性判断。具体来说，包括：

（1）看趋势，看行业：包括对于价值转移趋势分析；认可利润区和发现利润区；行业技术趋势分析。

（2）看市场，看客户：包括市场细分及需求；客户购买行为分析；客户价值分析。

（3）看竞争对手：包括竞争对手策略分析，竞争对手标杆分析；竞争对手能力分析。

（4）看自己：本组织的核心竞争力；组织经营状况分析和组织内部核心能力分析。

44. 怎么理解创新焦点？

创新焦点，明确狠抓两个核心：创新、焦点；

第一个核心是创新，即寻找具有创造性的解决方案，创造性可以从市场、产品、技术、运营、商业模式等多个维度去思考，但要注意真创新和伪创新的区别。真创新通常能帮助客户提升效率、降低成本，给客户带去新的体验；伪创新通常是一堆名词、大把概念、一串梦想、激情澎湃、一地鸡毛……缺失切实的客户价值。

第二个核心就是焦点，到什么山唱什么歌，在产业的不同阶段，应关注的焦点不同，往往刚开始关注的是技术突破，然后是技术的业务价值，再然后是产品化机会，最后是成本节约、稳定运营。同时，公司在不同阶段，关注的焦点也不同，一个刚起步的创业公司，核心要聚焦在两个方面：活着、挣钱；活不下去，一切理想都随风而去。

45. 怎样做好业务设计？

业务设计明确公司的商业模式。在确立战略意图、做好市场洞察、抓住创新焦点后，就要对业务进行设计，形成一个一个目标，找到我们该做什么、不做什么，形成切实可行的商业模式。首先要了解目标用户群，再确定他们的需求（价值定位），想好如何接触到他们（渠道），怎么盈利（收益流），凭借什么筹码实现盈利（核心资源），能向你伸出援手的人（合伙人），以及根据综合成本定价。

设计商业模式的思路如图 45-1 所示。

重要伙伴 谁可以帮我？ 谁可以和我组成联盟？	关键业务 为了达成目标，我需要经常做什么？	价值主张 我想做什么？ 我能提供什么？ 我的目标是什么？ 我有什么能提炼出来的价值 客户可以从我这边获得什么价值？ 如何保证持续增值？	客户关系 怎么宣传自己？ 怎样和客户长期打交道？	客户细分 我能帮助到谁？ 谁能付我钱？
	核心资源 我拥有什么？ 想达成目标，我还需要什么？		渠道通路 通过什么渠道让对方知道我？ 如何联系或交付服务给对方？	
成本结构 我需要付出什么？			核心资源 我能获得什么？ 用怎样的方式得到？	

图 45-1　设计商业模式的思路

46. 字节跳动的组织文化和 OKR 的关系？

作为中国第一家推行 OKR 且大获成功的公司，字节跳动的组织文化值得研究和探讨。

字节跳动的组织文化与 OKR 所倡导的行为高度一致，下面是两者的对比关系，左为字节文化，他们称之为"字节范儿"，右为 OKR 倡导行为：

追求极致——追求困难目标

务实敢为——自下而上设定目标

开放谦逊——与他人协同合作

坦诚清晰——保持信息快速流动，互相透明

始终创业——不设边界，自主思考

任何组织文化都来自组织自身对过往一切的良好行动的提炼、总结、概括。正如英国哲学家约翰·洛克所说,"我认为人类的行为是思想的最佳译员"。反过来,组织文化又将进一步暗示或者强化组织上下的行为准则。

47. "上书 Q12" 是怎样评价组织文化与氛围的?

上书 Q12 是上书数科研究团队列出的一系列问题,或看作一个全面自查清单,旨在更好地评价一个组织,从而实现高产出。Q12 总共包括 12 个问题,涵盖 7 个维度:价值创造、透明、创新、聚焦、对齐、挑战和成长。

(1) 我的同事所有的工作都在为公司创造价值。
(2) 我的同事能围绕公司的目标持续努力。
(3) 公司的使命让我觉得我的工作很重要。
(4) 我和同事都能为实现目标相互配合、彼此支持。
(5) 我的同事愿意为更好地支持他人而调整自己的目标。
(6) 我的同事们致力于高挑战性的工作。
(7) 我每天工作中都有机会做我擅长的事情。
(8) 我清楚地知道公司和同事们的目标和关键行动。
(9) 我的同事能够运用创新的工具和方法工作。
(10) 我不会因为害怕失败而不敢创新。
(11) 过去 7 天里,我因工作出色被表扬过。
(12) 过去 1 个月里,我在工作中得到了成长或学到了新知识。

48. "三力模型" 是怎样盘点人才的?

"三力模型" 是上书数科研究出来一个工具:在实施 OKR 之前,对公司人才进行梳理,主要从能力、精力和潜力三个角度来盘点人才,能力是根本,精力是灵魂,潜力是未来,如图48-1所示。

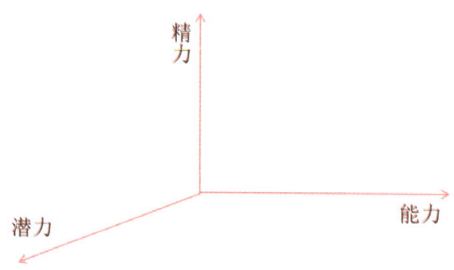

图48-1 盘点人力的"三力模型"

(一) 能力

(1) 专业能力:成功履行该工作职位或角色所必须具备的知识和技能;

(2) 领导力:"使众人行",带领团队持续走向胜利;

(3) 情商:自我认知能力、同理心和建立良好人际关系的能力;

(4) 可移植性:在不同场景都能够快速产出。

(二) 精力

(1) 个人意愿:愿意持续为公司发展贡献自己的才能;

(2) 身体状态:有足够健康的身体来胜任工作;

(3) 价值观:认同并践行公司价值观,树立榜样。

(三) 潜力

(1) 正确的动机:具有利他精神与谦逊的个性;

(2) 求知欲:不断寻找新的经验、知识以及真诚的反馈;

(3) 洞察力:积极地搜集并揣摩信息来规划新的方向;

(4) 沟通力:利用情感和颇具说服力的逻辑展现愿景,与人沟通;

(5) 意志力:尽管困难重重,似乎不可逾越,但为了达成目标,愿奋斗不止。

49. 什么样的公司不适合使用 OKR?

有没有组织或公司不适合使用 OKR？当然有，比如：

（1）官僚主义盛行的公司：不能否认，国内很多公司都是老板主导，采用自上而下的方式管理公司。官僚主义盛行的结果，就是以控制作为管理文化的核心。一个项目的发起往往是由公司内少部分人决定的，在创新、扩展上，大多数员工并没有话语权。

（2）员工准备度不足的公司：员工准备度是指在能力和意愿上还没有做好准备的公司。员工能力是指对 OKR 运用的能力，OKR 看似简单，但要用好，还需要时间操练；员工意愿是指员工使用 OKR 的动力。

（3）不愿意把 OKR 与绩效管理脱钩的公司：这不仅仅是员工的问题，还有组织的问题，很多公司还是把 OKR 和绩效考核、奖励紧密挂钩，导致员工不愿意使用 OKR。

（4）没有宏大目标的公司：宏大的愿景和目标是激发所有不懈努力的内在动力，没有宏大目标的牵引，每一个员工都安于现状，按部就班，更谈不上挑战不可能了。

50. 组织如何自我"体检"是否适合推行 OKR?

对于任何一个组织来讲，在推行 OKR 前，可以按照四个维度对自己进行评估"体检"，来确定是否有必要推行 OKR，或 OKR 的推行从哪些方面入手。这四个方面包括：战略、组织、机制和文化，具体的维度包括：

（一）战略方面

（1）组织在战略上无法取得积极的突破。

（2）组织无法有效构建自身的核心竞争力。

（3）组织经营效率始终无法提升。

（4）战线过长，无法聚焦。

（5）工作计划缺乏清晰的战略指引，与组织的愿景和使命脱节。

（6）月度或季度工作计划与年度目标脱节，更无法体现对战略的支撑作用。

（7）公司战略与各部门、各岗位的日常工作脱节，战略无法落地。

（8）组织资源与组织目标不匹配，年初制订的计划无法一一实现。

（9）在计划执行过程中，组织无法及时响应外部环境的变化，不能及时把握市场机会、规避风险。

（10）工作计划常常被动调整，团队无所适从。

（11）工作的执行方案不能有效支持目标的达成，事倍功半。

（12）领导忙于事务性工作，无法投入足够的精力思考全局性、长远性的问题。

（13）缺乏对战略实施的有效跟踪，不能客观评估组织的发展状况。

（14）组织缺乏创新能力，无法应对日益激烈的市场竞争。

（二）组织方面

（1）上级的计划没有被下级全面承接，团队尽职尽责，却劳而无功。

（2）下级的工作只是履行自身职能，没有充分支持上级目标的达成。

（3）组织结构僵化，岗位职责与工作目标常常脱节，无法满足业务发展的需要。

（4）机构臃肿，职能交叉，权责不清，遇事推诿扯皮。

（5）管理层级多，流程复杂，效率低下。

（6）部门"本位主义"严重，以维护专业价值为由各自为政，忽视组织整体战略。

（7）部门壁垒森严，谷仓效应严重，工作协调障碍重重。

（8）员工对组织的目标不了解或不清晰，工作方向不明确，甚至南辕北辙。

（9）员工不知道自身工作与组织目标的联系，认为工作没有价值和意义，只会被动执行。

（10）工作的标准不明确或不统一，无法保证工作成效。

（11）工作方法简单粗放，单纯依赖经验或主观判断，不能有力支撑结果的达成。

（12）管理者事必躬亲、疲惫不堪，员工人浮于事、工作量不饱和。

（13）计划执行中缺乏跟踪和反馈，总是亡羊补牢。

（三）机制方面

（1）组织缺乏有效的激励手段，员工效率难以提升。

（2）以物质为主的激励手段边际效用递减，成本过高，组织不堪重负。

（3）如果没有足够的物质激励，工作就难以有效推动。

（4）业务骨干以自身能力、贡献和所掌握的资源为由，索取超出合理范围的回报。

（5）有能力、有贡献的人常常破坏规则，挑战组织权威。

（6）组织培训投入巨大，但管理者的管理能力依然没有得到提升。

（7）员工缺乏有效的辅导，业务能力提升缓慢，无法形成人才梯队。

（8）员工解决问题的能力不足，完全依赖上级。

（9）考核复杂，成本高昂，但对工作几乎没有推动作用。

（10）考核沦为形式，"认认真真"走过场，对绩效没有促进作用。

（11）考核指标不能真实反映绩效水平，人们只关心指标，却不对结果负责。

（12）考核指标束缚了优秀员工的创造力，制约了创新和发展。

（13）考核客观上加剧了员工与组织之间的博弈，员工抱怨考核就是公司克扣工资的手段。

（14）奖惩成为常态，常常引发矛盾，使组织生态趋于恶化。

（15）强制分布和末位淘汰强化了内部竞争，削弱了合作意愿，甚至导致相互拆台。

（四）文化方面

（1）领导斗志昂扬；员工意志消沉，常常对工作缺乏热情。

（2）员工不能主动思考工作，完全依赖上级指令，被动执行。

（3）员工主动性差，推一下、动一下；缺乏检查的工作，往往成为死角。

（4）员工单纯地执行任务，只对过程负责，不管结果能否达成。

（5）员工没有学习的意愿，缺乏成长动机。

（6）上级成为"监工"，层层施压，对下级只有指令和监督，其影响力单纯依赖职务赋予的权威。

（7）上级不能帮助员工成长，被员工视为剥削他们的"包工头"。

（8）出现问题时相互推诿指责。

（9）对于挑战性的工作、有风险的工作，没有人愿意主动承担。

（10）各项工作因循守旧，组织创新乏力。

（11）部门之间、员工之间缺乏切实有效的合作。

（12）部门利用自身资源构筑壁垒，谋求内部利益。

（13）缺乏开放的环境，人们不愿毫无保留地贡献智慧、分享经验。

（14）在公开的正式场合无法获得真实信息。

（15）议事的人多，做事的人少；挑毛病的人多，提建议的人少。

（16）不同部门、不同年龄、不同专业背景的人，好像有不同的语言，难以沟通；即便沟通，也往往只是表面上的客套和敷衍。

（17）新生代员工经验不足、能力不强，但自我意识强烈、想法不少，难以被有效驱动。

（18）员工认为没有成长空间，不愿意与组织共同成长。

（19）员工感受不到温暖，甚至感到乏力、压抑，时刻准备离开。

（20）员工成长越快，离职越快。

（21）有能力的员工，一言不合就离职，转投竞争对手。

（22）组织文化标语挂在墙上，形同虚设，无法落地，更没法扎根。

（23）形式主义盛行，员工内心抗拒、消极应付。

如果组织存在上述情形，哪怕只有其中的部分问题，都应该考虑推进 OKR 来扫除这些顽疾。接下来，更为关键的是有上述情形的组织很多，是不是这些组织都具备应用 OKR 的条件？我们只要将 OKR 的特征与组织的特点一一对照，便能找到答案。

51. 实施 OKR 必须得到老板的绝对支持吗？

成功实施 OKR 必须得到老板的绝对支持，这是 OKR 推行的必要条件之一。

在大量的 OKR 失败案例中可以总结出，有超过一半的 OKR 并没有得到老板的重视和持续支持，大多数情况是老板安排给下属去做，本身并没有亲自参与，这是 OKR 推行失败的一个主要原因。老板绝对支持，指亲身参与其中，公开自己的 OKR，并持续投入其中或给予足够的授权，才能长期地保持 OKR 的活力。

实施过程中要有支持 OKR 的关键人物，团队 OKR 的成功实施不是一个人可以做到的，可以不强求每个人都是 OKR 专家，但是一定要具备懂得 OKR、认同 OKR 的关键用户，他们往往是 KR（关键结果）的负责人，负责带领一部分参与人完成一个阶段的 KR，并给予队员相关的 OKR 指导和培训，把成员的认知尽可能地拉升至同一水平，这样才能事半功倍。

52. 导入OKR之前，需要花多久时间和员工沟通？

组织内想推行任何一项变革，都需要花时间讨论。组织推行OKR失败的原因，多为事前没有充分讨论。执行前的讨论让每一个人认同OKR的理念并树立信心。除此之外，参与者还应了解OKR的实践内容，包括OKR大使是谁、是否要聘请外部顾问、该使用哪一种OKR平台、多久要开一次会议、事后的复盘方式等。

因此，在实施OKR之前制定公司OKR运营手册是非常必要的，一次性把所有规则、问题讲清楚，让全体参与者都达成基本共识，并且可以预见到可能存在的问题，真正实施起来才不会显得混乱、没有章法，所以导入前花几周甚至一两个月来沟通、讨论，是必要且值得的。

同时，为了更好地让员工理解OKR，组织全员的OKR培训和知识学习是必要，学习正确的OKR知识能够消除在沟通中大范围的错误理解，极大减少沟通成本。

第四篇

OKR 的设定
——如何写好 OKR

OKR 能否发挥价值，重点在于写好每一个 OKR。O 要强有力，更重要的是创造价值，为客户创造价值。因此每一个 O 都必须符合一定的原则，即 FACE 原则，要有雄心，只有每一个 O 都聚焦、清晰、具体并为公司创造价值，才能够带领组织持续前进，KR 还要符合 4R 原则。撰写一个好的 OKR 不容易，需要深刻理解 OKR 的思考逻辑、原则，了解 OKR 的设定标准、执行要求及评价方法，正确区分不同类型等。就像练拳一样，需要将基本功做扎实才能够更好打赢，否则花架子是经不起市场检验的，就容易走入空洞的 OKR，没有任何价值！

53. OKR目标设定的思考逻辑是怎样的？

约翰·杜尔说：该如何正确地设定目标呢？首先你必须回答一个问题："为什么（Why）"？因为真正变革型的团队都会将自己的雄心、热情和目标结合到一起。西蒙·斯涅克发现，最伟大的组织和个人，都有一种了不起的思维方式——"黄金圈法则"。

大众的思维模式是由外及里：How→What→Why，卓越的思考方式是由内到外：Why→What→How。举例，如果是一般的厂家来卖电脑，会想：用户体验良好，使用简单，设计精美（How）；我们做了一台最棒的电脑（What）；为什么不买一台呢（Why）。而苹果的方式则是：我们坚信应该以不同的方式思考；我们做的每一件事情，都是为了突破和创新（Why），我们希望做出了世界上最棒的电脑（What），我们挑战现状的方式是通过把我们的产品设计得十分精美、使用简单和界面友好（How），想买一台吗？

在"黄金圈"思维原则里，"为什么"是动力的核心：你的使命是什么？你和你的产品关我什么事？"做什么"则是产品的方向，"如何做"是做事的方法：你和你的产品凭什么这么卓越？

54. 设立OKR的5/4原则是什么？

设定OKR的过程，就是一个排序和取舍的过程，那些最重要的事情会"浮出水面"，你需要专注地对待它们。这里需要遵循一个5/4原则，一个组织或个人最多不要超过5个目标，每个目标不要超过4个关键结果。一旦超过5个目标，我们就要去斟酌是否需要去掉一些，一是太多的目标会分散资源和注意力，重要的事不在于多，而在于精，正所谓"兵在精而不在多"。

当第一次运用OKR的时候，我们建议每一个组织、每个团队、每个个人都仅仅设立1个目标、3个KR。当你能够熟练运用的时候，再逐步增加；经过一段时间的操练，到你已经炉火纯青的时候，这些都不再是问题了，你的资源配置能力会大大提升，注意力也会更加集中、专注。

55. 实施OKR的具体步骤有哪些？

实施OKR，可以按照以下步骤：

（1）设定目标。进行目标管理的第一步是设定目标。从组织战略开始确定年度目标、季度目标、月度目标；各个层面的组织人员都必须有内容明确、操作方便的工作目标。

（2）明确每个目标的KR。从O到KR，就是从"目标"到"关键结果"的分解。目标不能经常变化，但措施和方法可以不断完善。同时，O和KR的设定也必须是管理者与员工直接、充分沟通后的共识。

（3）对齐并执行。从关键结果到行动计划，组织各部门和各团队成员要进行对齐，齐头并进推进执行。

（4）每周进行回顾。对整周完成的结果进行沟通，并实时复盘信心指数来调整当事人的状态。

（5）回顾评价。员工需要对自己的OKR的完成情况、努力程度和困难程度进行回顾，并做出评价。

56. 自下而上设置 OKR 是否正确？

每一个人都要全力以赴支持更高层级目标的实现，但这前提是给每一个人充分的自由，而不是自上而下分解和指派。比如，对于一个足球队来说，应该球队老板、教练员、全体球员一起讨论球队的目标，在确定球队整体 OKR 之后，每一名队员、教练员根据球队的整体目标，思考我的目标是什么？关键结果是什么？如何开始？并制订自己的 OKR。如果我是一名进攻球员，那我的 OKR 不应该是教练告诉我的，而应该是自己主动去设定的。在设定的过程中当然要考虑很多因素，包括我去年完成了多少次得分、和队友的默契程度如何、球队的战术选择等。

当我把自己的 OKR 设定好后，球队进行沟通、评估，然后公开讨论，确保每一个 OKR 都能够强有力地支持整个球队的目标，把个人的 OKR 和球队的 OKR 结合起来。因为这个目标是我自己设定的，我会更有意愿去完成它。而且 OKR 需要公开，这样能促成更多的合作，在组织内部尽可能多地形成横向的、纵向的联系。这是一个形成集体共识的过程。

57. 公司使命和战略如何影响年度 OKR 设定？

（1）在设定 OKR 之前，先明确公司的使命，这会减少时间的浪费，依据公司使命，用 10 倍速增长来规划未来并制定年度 OKR。

（2）结合 OKR 的 BLM 模型，深入探讨公司的战略和执行的关系，找出当前公司最重要的几个方向，也就是目标。

（3）设定好目标后，针对目标设置 3~4 个能衡量目标是否实现的关键结果。

（4）设定好关键结果后，给每个关键结果设定一个初始信心指数，并在今后的OKR运行中跟踪这一数字。

年度的OKR制定是一个严肃的过程，需要全体高管，甚至全体员工的参与，所有成员都要真诚地贡献智慧。整体来讲，年度OKR源自使命，承接战略目标。

58. 公司和部门层面设定OKR的原则

制定公司层面的OKR应该首先明确公司的整体目标，聚焦重点，给每个团队和个人明确的方向，并通过专注于目标来提高生产力。同时，设置公司层面的OKR还需要关注目标进度，及其是否始终与公司的使命保持一致，有效地设定清晰明确的目标有助于优化资源分配和团队管理，激发部门间合作的可能性。

部门层面的OKR的制定，首先要强有力地支持公司OKR的实现，这是最核心的；其次，要具有前瞻性，制定目标要向未来看，你希望团队三个月后、半年后发展成什么样？最后，也要思考如何执行，忽略执行的OKR是一纸空文，特别是承诺型的OKR，需要有非常明确的执行路径。

无论是公司层面，还是部门层面，甚至是个人层面，都可以这样来整理思路：将团队或个人重点的、重复的工作整理出来，来分析它们共同指向的关键点。再从自身工作角度出发，明确工作的职责，明确工作的优先级，以此为基础来制定团队或个人的目标。记住，目标决定未来如何去做，而不是做了再决定目标。

OKR的设定应该以目标O、KR-1、KR-2、KR-3……记得，一般OKR的设定遵循5/4原则，O不超过5个，每个O对应的KR应该是2~4个。

比如，对于一个初创公司的OKR，可以这样设定：

O：蓄势待发，估值过亿元；

KR-1：平台系统100%进入实际测试；

KR-2：销售收入突破100万元；

KR-3：IP粉丝量突破100万元。

或者，对于一个台风减灾的OKR，可以这样设定：

O：极大地减少台风造成的损失；

KR-1：因台风造成的直接损失较去年同期减少90%；

KR-2：10级以下台风0损失；

KR-3：12级以下人员0伤亡。

在具体设定OKR的时候，应该遵循FACE-4R原则。

59. 设定目标的FACE原则是什么？

设定目标O要遵循FACE原则。FACE寓意着"大家面对的，就是目标！"，它是"Focusing, Ambitious, Clear, Economics"的首字母缩写组合，即"聚焦、野心、客观和商业价值"。

Focusing，聚焦是我们利用有限的时间、资源、精力的必然需要，也是我们时间、资源、精力的集中着力点！西方有句谚语"Less is more（少即是多）"，等同于我们中国俗语"贪多嚼不烂"。在设定OKR时，Business Acumen（业务洞察）是个最基本又是最重要的专业能力，有了它，你才能真正触及OKR的根本。一个好的OKR的设定，绝不是靠外部资源（比如HRBP、培训专家等）来完成的，而是要靠你自己的专业能力和对OKR的深刻理解。

Ambitious，目标必须是有野心的、进取的，同时也是现实的，OKR必须要有宏大的目标，能够激发我们的斗志，让我们每天早上兴奋地起床。

Clear，目标必须清晰、真实、具体、客观、没有歧义。我们是目标的执行者，也是理性的观察者，要用清醒、理智的目光去衡量目标是否达成。

Economics，目标的达成必须对组织有清晰明确的商业价值，这一点并不容易，因为目标从制定到执行，都不能空洞地只谈理想，而必须实实在在为组织创造商业价值。

60. 设立关键结果的 4R 原则是什么？

关键结果，即 Key Result，必须能强有力地支持目标（Objective）的实现，设立 KR 应符合 4R 原则：

Robust：健壮的，是可衡量的里程碑。里程碑应有力推进目标的达成进程，即关键结果 KR 要能够非常有力地支撑目标的实现，要一针见血、立竿见影。

Relevant：相关的，这里的相关指除了关键结果 KR 要相互对齐，更重要的是与目标 O 强相关，任何不能支持目标实现的关键结果都是不需要的。

Results：必须是描述成果，而不是描述行为。不要使用"咨询""协助""分析""参与"等描述行为的词汇，而是明确描述这些行为对最终用户的影响，如"在 3 月 7 日之前发布上书 OKR 分布式存储系统"，而不是"评估上书 OKR 系统的延迟情况"。

Realistic：必须有完成标志。完成标志必须是容易获取的，通常是工作中自动生成的可信的文件或数据，不需要另外去总结、统计，如：变更清单、文档链接、公告、正式发布的标准报告等。

61. 什么是跨团队 OKR？

跨团队 OKR 是指所有团队都在参与对某个项目制定的 OKR，又称项目

OKR。对于公司来说,很多重要项目需要不同团队的贡献,OKR 则是理想的协同工具。

跨团队 OKR 应该涵盖所有需实质参与的团队,跨团队 OKR 中的承诺事项,应具体体现在每一个参与团队的 OKR 中。例如:如果广告开发团队、广告运营维护团队、网络部署团队都必须支持新的广告服务项目,那么这三个团队都应有各自的 OKR 来描述他们在该项目中所承担的责任。

62. 部门有各自的 OKR,如何判断优先级?

制定 OKR 一定是审慎的,不同部门在做同一件事情时,要能达成对"先做什么""重点资源放在哪"的共识。组织无法对齐目标的主要原因是,两个单位的目标"都不错,不做好像有点可惜"。

例如,IT 部希望优化网站注册会员的流程,销售部则想请 IT 部改版网站设计,两件事都有意义。为了避免争执,合理确定目前的优先级可以用上一层(组织层级)的目标作为辅助判定标准,好比公司这一季的一个大目标是"迅速拓展会员数",那么优化注册流程就应优先被考量。

63. 每个人都应该有个人 OKR 吗?

每个人都应该有个人 OKR 吗?这取决于团队的实际情况。在谷歌的实践当中,团队和个人都需要制定 OKR,且团队(项目组、产品组)的 OKR 需要制定得非常清晰,这样团队成员才能够理解自己为达成目标可以做出怎样的贡献。如果有人对此有疑问或不清楚,那么团队负责人就有责任去沟通。

个人 OKR 对个人发展很重要。作为团队内的个体,可以通过它了解你在重要的工作领域内做得如何，在哪些地方需要改进。而经理则可以通过你的个人OKR来帮助你找到有哪些有待改进的技能，同时在接下来的工作周期中，同你一起制定能够帮助你成长的个人OKR。

在个人OKR设定的过程中，团队领导可以与"问题"下属一起设定目标，在这些"问题"出现之前纠正它们。通过设定可量化的关键结果，即使问题没有得到改善，我们也可以避免一些因个人偏见而受到的指责。

64. 如何让员工制定个人层面的OKR？

实施OKR时，由下至上发现目标是很重要的步骤。初次接触OKR的员工，最常犯的错误是，他们大多认为自己写下的OKR很合理，就一股冲劲去做，却忽略了这件事是否和组织发展方向相关。

因此，虽然需要让员工自主设定OKR，但整个团队一同研讨部门OKR、公司OKR是非常关键的。为了让每一个员工在自主设定之前清晰地理解公司和部门的OKR，管理层还需要一对一地对员工进行辅导，还需要建立小组参照FACE－4R原则来评审每一个OKR，并组织会议进行充分沟通讨论。例如今年最重要的是做好半年一次的A专案，员工在写OKR前，就要思考自己的目标，要对这项专案有具体贡献。如此一来，员工既能做想做的事，又能支持公司目标的实现。

当然，每一位新员工来到公司，都需要接受有关OKR的培训和辅导，以帮助他更好地制定出个人层面的OKR。

65. 员工的 OKR 跟主管期望有落差，可以更改吗？

可以的，OKR 这套管理方法最重要的精神是由下而上建立目标，如果由主管权威制定目标，就跟 KPI 没什么差别了。管理者应抱持开放心态，了解员工想做什么，有时候反而是第一线更能看到问题的症结。例如主管想提高客户满意度，希望客服人员的 OKR 是每周多打几通电话，但员工却觉得，修改罐头讯息（指群发的或按关键词回复的信息模板）的回复内容就能满足大部分的客户需求。

关键是，OKR 的制定是每一位员工自己围绕整体目标真正想干的，一个部门制定 OKR 时要透明，每位员工都能一起来参与讨论，都能看到彼此的 OKR。如果真的有人设定得太偏颇，他自己也会意识到"其他人都在做哪些事""我和大家似乎没有在同一方向上努力"，另外主管需要及时辅导员工，解决问题，帮助员工实现自己的 OKR。

66. 需要设置信心指数吗？需要跟踪信心指数吗？

需要的，我听说过许多公司期望达到他们确定的关键结果的 70%，因此团队会选择隐藏 20% 的实力，再让另外 10% 异常困难，这样就达到预期了。但是，这是我们想要的吗？

OKR 要鼓励团队挑战目标，所以你要了解团队最真实的能力。设置 5/10 的信心指数，意味着有 50% 的机会达到目标，可以挑战一下自己。

作为团队领导，需要及时关注信心指数，在获取新信息的同时要标记信心指数的变化，提醒团队他们的信心等级已经在 50% 停留很久了，要经常主动询问团队成员是否需要帮助，如果团队信心指数持续下降，这就是个敏感的信号，就需要团队领导及时去赋能了。

67. 怎样制定OKR才不冒进也不保守？

在初期对团队的能力并不确定时，制定OKR是有很大限制性的。没有达成目标的感觉非常差，这也是为什么我们要力争达到0.7分（承诺型OKR要1.0分，100%达成）甚至更好。理想情况下，合理的目标设置可以激发团队的潜能，如果你总是能达到1.0分，说明你的目标定得不够具有挑战性。长期使用OKR后，可以根据团队的表现来灵活地调整目标。不要惧怕挑战困难的目标，并且需要奖励以及鼓励那些挑战困难目标的人，即使他们没有成功。

一个小技巧是在设置每一个OKR的时候我们都需要去同时设置信心指数，我们鼓励将信心指数设置在0.5以上。如果信心指数过高，说明不够有野心；如果太低，可能就是目标设定得不太现实了。

68. 我设定了OKR，代表接下来只做这件事吗？

确定了OKR，并不代表"现在只做这件事"，而是意味着它是这个周期最重要的目标，要优先保障它的实现。

这句话的意义在于，你不能拿OKR作为挡箭牌，忽略了基本的日常工作。也就是说，组织无需把每个任务都塞进OKR的流程里面，也不应对其他小事情漠不关心。实际操作中，你应该时刻提醒团队成员要做什么，例如在公司内网上张贴当季的OKR，所有人都能经常看到，确保当前的目标能顺利执行。

69. 公司总经理的个人 OKR 也需要发布吗？

公司总经理的个人 OKR 需要发布吗？当然，不仅是需要，而且是必须发布的。总经理的个人 OKR 必须具有推进公司 OKR 的关键作用，能起到激励员工的作用。公开总经理的 OKR 对组织具有行动导向的作用，员工通过理解总经理的 OKR，自发制定个人 OKR，并主动关注个人 OKR 是否能够支持公司和总经理的 OKR 实现，这将激发员工的创造力。同时，总经理公布 OKR 后，会给所有团队成员做个示范，"总经理都能透明，为什么我不可以"。

记住：不透明的 OKR 是空洞的，是一种傲慢、不真诚的管理姿态，浪费时间！

70. 用投票的方式决定公司的 OKR 靠谱吗？

用投票的方式决定公司的 OKR 靠谱吗？不靠谱！

正确的 OKR 目标制定应是在清晰理解公司所处环境和战略目标后，个人主动来制定自己的目标，通过全方位透明及对话沟通等方式对齐目标，即每个人基于公司及团队的目标去思考、确立一个更匹配自身现状和未来发展的目标。

这样每个人最终寻找到一个既与公司匹配，也让自己接受的目标。这里的关键是不要上级硬性指派，凡是指派的，能具体到个人的，都不能算目标，而是任务了，即使还是目标，往往也不容易被底层员工深刻地理解和认同。

所以 OKR 必须是员工自身的决策，而不是通过投票的方式决定，当然如果 OKR 偏离了公司价值，公司领导需要和其团队一起进行探讨、修改。

71. 设立 OKR 时常见的错误有哪些？

设立 OKR 时，常见的错误主要包括：

（1）把愿景型 OKR 和承诺型 OKR 混为一谈，把愿景型 OKR 当成是承诺型 OKR，这会增加 OKR 无法达成的风险。

（2）OKR 只是在例行公事，又是形式主义的指标摊派或绩效考核。

（3）承诺型 OKR 并不挑战。

（4）OKR 不敢挑战。

（5）低价值 O。

（6）KR 不足以支撑 O 的达成。

注意：在制定 OKR 时，一个常见的错误是，所有的 KR 都是必要但却非充分的，也即这些 KR 都完成了，却无法支撑 O 的实现。这个错误很有可能是故意造成的，因为这能让团队躺在舒适区，不去做必要的资源/优先级/风险等承诺，这比挑战困难的 KR 要容易得多。

72. 为什么 OKR "少即是多"？

OKR 应该有数量限制，遵循"少即是多"原则。一方面更少，意味着更聚焦，可以让员工知道什么是最重要的；另一方面，少量精心选择的目标，可以让员工记忆更深刻。

除了聚焦之外，"少即是多"还在于承诺和责任。OKR 的设定要求富于挑战，如果每个周期设定过多的富有雄心的目标，会给 OKR 责任者带来非常大的压力，使其疲惫不堪，这样不利于 OKR 的推进和执行，OKR 很有可能无法完成，承诺和责任就会流于形式。一般 OKR 遵循 5/4 原则，目标不超过 5 个，每个目标对应的关键结果应该设定在 2~4 个。

73. 一周设定一次 OKR，可以吗？

不可以，如果你不能连续追踪 OKR 一周以上，那么你可能还没有准备好使用 OKR。刚开始的时候，特别是在组织刚创立的时候，你可以设立一个月的 OKR 来驱动目标快速达成，如果你的产品已经满足了市场需求，那就坚持三个月。毕竟，一周之内能做什么真正有挑战的事情呢？如果一个目标可以在一周内完成，它顶多算一个任务。当然，根据你或你的组织的节奏需要，你也可以设定短一些的周期，如两个月，字节跳动就是这样做的。

74. 什么是承诺型 OKR 和愿景型 OKR？

谷歌会把"鸡蛋"放在两个"篮子"里，一个"篮子"里放那些完成可能性比较大的目标，称其为承诺型 OKR，一个"篮子"里放那些异想天开的目标，称其为愿景型 OKR。

承诺型 OKR 是我们一致认同必须达成的目标，为确保目标交付，我们甘愿调整时间表和资源配置。承诺型 OKR 的期望分值是 1.0。实际得分低于 1.0，说明在计划或执行中存在失误，必须做出解释和问责。

愿景型 OKR 代表我们理想中的状态，尽管我们可能还没有明确的路径或必需的资源去实现。愿景型 OKR 的平均期望分值是 0.7，并且伴随着高的标准偏差。"高标准偏差"意味着，统观全部愿景型 OKR，实际达成情况差异很大，不是"大多数愿景型 OKR 得分都在 0.7 上下"，而是"会有很多愿景型 OKR 远远高于 0.7，也会有很多远远低于 0.7"。

所以，如果第二个"篮子"里的愿景型 OKR 被打了低分，进入红色区域（指无法完成），也是正常的。这第二个"篮子"存在的意义，就是让人永不满足，继续向新的目标发起挑战。

一方面，如果我们将承诺型 OKR 设定为愿景型，会增加失败的风险。团队可能不会重视它，也可能不会改变其他工作的顺序优先去专注于该 OKR 的达成。另一方面，将愿景型 OKR 设定为承诺型，对于无法找到实现路径的团队，会引发其防御心理，还会导致团队 OKR 优先级的反转：将本应致力于承诺型 OKR 的人力配置到愿景型 OKR。

总体来说，承诺型 OKR 的优先级高于愿景型 OKR。

75. 愿景型 OKR 需要超出团队当前的执行能力吗？

团队成员应了解 OKR 的优先级，并知道在达成承诺型 OKR 之后，还应将剩余的时间和资源用在什么地方。总体而言，应该首先完成更高优先级的 OKR。愿景型 OKR 及其相关优先事项应保留在团队的优先列表中，直至完成；必要时，可以将它们从一个季度带到下一个季度。因进展缓慢而放弃愿景型 OKR 是错误的，因为这会掩盖一些固有问题，如：优先级的错乱、愿景型 OKR 未能获得相应资源、对问题或解决方案的理解不够等。如果一个团队比另一个团队更有能力和精力去达成一个愿景型 OKR，那么将该愿景型 OKR 转移到更有能力的团队是比较适宜的。

团队管理者应每季度评估愿景型 OKR 所需资源，并提出申请；让决策者了解资源需求，是团队管理者的职责。但这并不意味着团队管理者应该获得全部所需资源，除非其愿景型 OKR 享有在公司达成承诺型 OKR 之后的最高优先级。

76. 承诺型 OKR 的来源是哪里？

《重新定义公司》是第一本谷歌人系统介绍运营管理方法的著作，作者是时任 CEO 的埃里克·施密特、高级副总裁及产品主管乔纳森·罗森博格，出版于 2014 年 9 月。2017 年 3 月，两位作者为这本书增加了一章新内容：How Alphabet Works，其中提到一位谷歌工程师对 10 倍速目标和登月计划的异议：过度强调 10 倍速目标，会使人看轻那些微小但持续改进的工作。这位工程师提出了"屋顶宣言（Roofshot Manifesto）"，即我们选择以屋顶为目标，这不够激动人心，但屋顶就在那儿（We choose to go to the roof not because it is glamorous, but because it is right there）！

屋顶宣言迅速在谷歌赢得广泛认同，因为谷歌人意识到：那些已经达成的 10 倍速目标，正是通过无数微小的改进逐步实现的；持续达成的屋顶目标是一系列里程碑，在产出即时成果的同时，最终促成登月计划的实现。

屋顶目标在谷歌有另一个名称：承诺型 OKR。来算一道简单的算术题：如果每季度实现 1.3 倍增长，3 年内将实现 10 倍增长。这就是一层层的屋顶爬上月亮的过程。

77. 承诺型 OKR 的交付标准是什么？

承诺型 OKR 的交付标准为 1.0，团队应将其设为最高优先级，按时交付。不能按 1.0 标准及时交付承诺型 OKR 的团队，必须迅速将问题升级。"将问题升级"是指向更高的管理层或导师反映问题、寻求支持，以期更好地完成目标。这不仅是应该做的，更是必须做的。不管是由于对 OKR 设定或优先级存在分歧，还是时间、人力、资源不足，将问题升级都是一个好的选择，这可以促使团队管理者想出更多的解决方案来化解冲突。

需要指出的是，新的 OKR 必然会需要在某种程度上将问题升级，因为其改变了团队职责和工作优先级。不需要团队做出改变的 OKR 是"一如既往型 OKR"，"一如既往型 OKR"通常是一直在做但没有作为 OKR 的常规事务性工作，即使它以前没有被明确记录。

没能按 1.0 标准及时交付的承诺型 OKR，团队需要做事后检讨和复盘。这不是为了惩罚团队，而是为了让团队意识到在计划和执行中的不足，进而提高能力，确保后续的圆满交付。承诺型 OKR 的几种范例包括某项服务达到服务水平协议、对某个基础系统按时交付或改进某项指定功能、在成本范围内建设并交付一定数量的服务器等。

78. 愿景型 OKR 如何让团队从头开始思考？

Think Big（往大处想）是谷歌的基因。在制定公司目标时，谷歌会思考：如果能摆脱大多数限制条件，几年以后，我们（或我们的客户）的最理想状态是什么样的？答案即是公司级愿景型 OKR，对此谷歌有两个专有名词：10x Goal（10 倍速目标）、Moonshot（登月计划）。

为了达到"摆脱大多数限制条件的最理想状态"，公司级愿景型 OKR 会设定看似遥不可及的目标。客户最想要的电子邮箱是什么样的？基于最理想的答案，2004 年，在其他邮箱免费容量不到 100MB 的时候，Gmail 一推出就是 1G 的免费容量，并且持续增加。

最好的视频网站应该是什么样的？YouTube 的答案是：将用户从电视屏幕前拉到电脑前。基于此，2012 年年底，YouTube 制定了"在 3 年内达到每日观看总量 10 亿小时"的目标，当时 YouTube 的每日观看总量是 1 亿小时，已经在全球视频网站中高居榜首，"10 亿小时目标"超越了与其他同类网站的竞争，对标的是全球电视每日观看总量的10%。

谷歌的愿景型OKR不是竞争导向（比如成为行业第一），更不是财务导向（比如以销售额或利润为目标），而是用户导向，即"完全满足、甚至超越用户需求的最理想状态"。

"用户导向"是愿景型OKR落地的前提，因为其中包含了对用户需求的洞察，进而对"如何满足用户需求、聚焦哪些产品/功能"给出了明确指引，确保全员目标方向保持一致。

如：YouTube对用户需求的洞察是"有趣而不仅是有用的内容"；如何证明YouTube提供了让用户感觉有趣的内容？观看时长是比点击量更有力的证明指标。因此，整个团队都必须追求"提供更有趣的内容""获取更多的观看时长"。

由于愿景型OKR会设定看似遥不可及的目标值，在设定之初，通常整个团队都没有明确的实现路径，即：KR能否支持O的实现，是不确定的。

仍以YouTube为例，图78-1是"10亿小时目标"的第一组KR：

图78-1　YouTube的公司级愿景型OKR

儿童用户、游戏爱好者，属于新用户群体，新用户群体能带来多少增长？不确定。VR视频，属于"新产品"，能否跑赢其他同类产品？也不确定。儿童用户、游戏爱好者、VR视频，是否是最有潜力的增长方向？更不确定。这些不确定只能在实践中检验，引导团队全力应对不确定性，正是愿景型OKR的最大价值。如果没有愿景牵引，YouTube团队可能不会去主动开发新用户和新产品；即使开发，对时限和效果也不会有很强的紧迫感；试错后，可能也不会尽快探索新的方向……总之，没有明确目标的创新往往不了了之。

79. "负重前行"的OKR是合适的吗？

"负重前行"的OKR是指超过团队资源或预算去挑战目标，对于一个团队来讲，适当的"负重前行"是激发团队潜能的有力武器。

承诺型OKR应该消耗一个团队的大部分资源，但不是全部。一个团队的承诺型OKR和愿景型OKR的所需资源总和应超过团队能够获得的所有资源，如果没有超过，说明该团队的愿景型OKR实际是承诺型。

如果一个团队利用部分成员和预算就能完成全部OKR，说明要么他们囤积了足够的资源，要么没有设定足够具有挑战性的目标，或者二者兼有。这意味着高层管理者应将人员和资源分配至那些更能有效利用他们的团队。

80. 如何处理"畏首畏尾"的愿景型OKR？

从现状出发，愿景型OKR应能有效回答"如果我们有更多的人力和一点点好运气，我们能做到什么？"，或者另一个更好的问题"如果能摆脱大多数限制条件，几年以后，我们（或我们的客户）的理想状态是什么样的？"。

在愿景型OKR设定之初，你并不知道如何达成，这也是为什么称其为"愿景型"。但是，如果不能理解并清晰表达你所渴望的最终结果，你就注定无法实现它。

所以当我们遇到"畏首畏尾"的愿景型OKR时候，就要重新思考：什么是你的客户真正想要的？你的愿景型OKR能够满足或超越客户的需求吗？放开手脚，大胆前行！

81. 设置了多个目标可以吗？

设置多个目标可以吗？可以，但不建议超过 5 个。

如果希望 OKR 清晰地刻印进公司每个人的脑海里，那就尝试只设置 1 个目标。如果你设置了超过 5 个目标，大家很难记得全部。

谷歌可能需要为公司设置多个 OKR，因为他们有搜索引擎和谷歌浏览器两个大项目，并正在进军社交网络和无人驾驶汽车领域。想象一下，如果他们仅设定一个单一的目标，即"使所有的产品社交化"，那么无人驾驶汽车团队可能会打造一辆叫作基特的汽车，这辆极通人性的汽车将会成为你的朋友。听起来有点荒诞，因为社交车也许会很漂亮，但它并不是目前市场所需要的。因此如果你在不同的市场有不同的业务，那对每个市场业务都需要设置一个不同的 OKR。

总结一下，大多数公司（包括所有创业公司）都会用一个有挑战的 OKR 来明确和统一努力的方向，并从中受益，但随着公司业务的扩大和对 OKR 的运用程度加深，OKR 的目标个数可以逐步增加。

82. 用绩效指标来驱动目标的完成是否妥当？

用绩效指标（如 KPI）来驱动目标的完成，是否妥当？不妥。

目标必须是宏大的、具有野心的、使命驱动的，如果用绩效指标来驱动，一是员工不愿意设立有挑战性的目标；二是绩效指标是静态的，而外界环境是动态的，员工无法根据市场情况及时调整；三是绩效指标的设定非常考验领导的能力，一旦设立不恰当，直接导致目标无法实现；四是绩效指标是无法激发人的内在动力的,这是许多 MBA 案例的失败之处。

83. 如何判断目标是否适合执行?

依据组织使命和 10 倍速 OKR 或年度 OKR,由 CEO、高级主管共同讨论出公司的 OKR,生成第一个版本。接着,以这个版本为核心,各部门制定自己的 OKR 来强有力地支持公司 OKR 的实现。如果公司订的目标不够精准,不符合 FACE–4R 原则,部门就很难确定自己的 OKR 是否适合执行。

另外,在制定公司级 OKR 时候,我们输入要素:组织、人才、文化与氛围,这些要能够充分地融入 OKR 的制定过程中。

例如,公司以"与客户建立长期关系"为优先考量,却制定出诸如"增加产品销量"这样的目标,导致部门写下"降低价格、抢更多订单"的关键结果,这就会导致组织偏离公司使命和核心价值观。换句话说,当公司各部门、各团队制定 OKR,始终要抬头检视是否符合公司的使命、核心价值观,这样制定的目标才适合执行。

84. 无人在意的 OKR(低价值目标)是什么?

OKR 必须体现明确的价值,否则不应为之浪费资源。低价值目标即使完全实现,也不会对组织有太大的影响,也无人在意。

典型的低价值目标如"把电话接通率提高 10%"。这个目标并不能为用户或组织带来价值。然而,与之相关的目标"候选人到面率提高到 70%",就有明确的商业价值,是一个很好的目标。每一次制定 OKR,问问自己,假如一切处于理想状态,OKR 达到 1.0 时是否能给组织提供直接的效益?如果不能，请重新制定关注实际价值的 OKR。

85. 关键结果包含哪三种类型？

关键结果（KR）要强有力地支持目标（O）的实现，同时也应该是可量化的、清晰明了的，KR 的类型一般有三种：

（1）基线型 KR：也就是作为基线数据，作为下一个 OKR 周期的参考，它往往用于新业务和创业的公司。因为没有历史的数据作为参考，所以很难量化未来的 KR 到底是什么，所以我们要先建立一个基准线。如果转向了一个新战略，或者刚开始使用 OKR，缺乏经验，你很可能就需要依靠至少一个基线型 KR，以帮助你更快更好地明白战略方向。

（2）度量型 KR：用以衡量目标成功程度的定量结果（数量、比率），叫作度量型 KR，在实践中我们进一步把度量型 KR 分为三种：正向度量型 KR、负向度量型 KR、范围型 KR。正向度量型 KR 通常会含有"增加""提升""搭建"等类似的词汇；负向度量型 KR 通常会含有"减少""消除""降低"等类似的词汇；范围型 KR 往往是使用一个范围值来描述 KR，比如"维持顾问的利用率在 60%～80%"。

（3）里程碑型 KR：无法转化成度量型，所做的事情的结果具备二元性，要么成功，要么失败。这类 KR 一般都会结合相关的评分机制一起使用，使之变得可度量。

86. 关键结果已达成，为什么没有成就感？

达成了关键结果，却没有成就感，可能是因为它并没有激发你的内在潜能，实现得太过容易，也可能是目标本身就没有让你兴奋起来。

关键结果不仅要强有力，而且要能支持目标的实现，目标则要追随组织使命，环环相扣之下，每一个小的行动都能体现或推动成果。换句话说，你完成一件事，感觉没有成就感，是因为关键结果并没有强有力地支持目标的实现，同时目标又不够有野心，可能你只需要花费80%，甚至更低的功力就能实现。

比如说，有个目标是"举办一场内容丰富、气氛活跃的岁末晚会"，但关键结果是"找好场地""安排餐点、住宿"这些很基础的事情，即便做得再好，也不一定能达到内容丰富与气氛佳两个诉求，更难给举办晚会的人足够的成就感。

87. OKR实施过程中如何聚焦优先事项？

（1）OKR成功的首要因素，是组织领导者的信念和支持，特别是组织一把手的全力支持！在OKR推出初期应该以高层管理为主，在OKR得到高层有力的推动之后，再征召员工加入。

（2）在团队高度认可的方向中寻找设定最高层OKR的依据，而它要符合组织的使命。在制定OKR时，要尽量寻找那些对杰出绩效最有影响力的目标。

（3）每个目标的关键结果都不要超过4个，而且这些关键结果必须能强有力地支持目标实现，并且是可量化的、具体的，可以被明确地衡量，完成了所有关键结果就等于实现了目标。

（4）在每个循环周期，需要承诺完成3~5个最高目标。太多的OKR会淡化和分散员工的精力。通过决定，放弃什么、推迟什么或减少什么，可以提升聚集优先事项的有效性。

（5）当某个关键结果需要额外关注时，将其提升为一个或多个周期的目标。

（6）为自己的 OKR 循环设置合适的节奏。推荐双重追踪，即将季度 OKR（用于短期目标）和年度 OKR（用于长期策略）并行部署。

（7）指定一个 OKR "牧羊人"，即负责跟踪 OKR 的总体进程、推动解决 OKR 系统中的问题。

88. 怎么决定 OKR 实施的周期？

OKR 实施的周期是根据 10 倍速目标实现的周期来决定的，如果增长 10 倍仅需要 8 个月，那么你的周期可能就是 4 周；如果增长 10 倍需要 3 年，那么一个季度是个合适的周期。

OKR 工作法的一个主要优势是它的快节奏，它能在每个实施周期中强化沟通和学习效果。然而，市场总是在不断变化的，季度也许并不是你的业务最合适的节奏，所以你可以根据你的实际情况进行调整。

关键是你要以一个固定周期去使用它，并找到适合你的节奏。英特尔以月度为周期开展 OKR；美国国家半导体以每 4 周为周期制定一次 OKR，这样在其每个制造年度就会有 13 个 OKR 周期；飞书采用 2 个月为周期，一些公司则选择按长期和短期两种方式并行开展，即有一个为实现 10 倍速增长而设定的长期 OKR，在这过程中还要不断地去刷新短期 OKR。

89. 执行 OKR 的中途，可以修改目标吗？

在执行 OKR 的中途，当然可以修改目标。初创公司因为商业模式不确定、大环境变动速度快，其大小目标可能随时变动。初创公司开始使用 OKR

时，为了避免OKR的频繁变动，可以从4周的OKR周期开始，这样的节奏初创公司还是能够去把握的。

但如果OKR一变再变，员工也会迷失重点，对于当期的OKR我们尽可能地不去改变，特别是承诺型的OKR。较好的做法是，一个周期的3个OKR，其中2个是承诺型的，比如"业务员要拜访多少客户、提高多少业绩"，这是非常明确且挑战的OKR，是一定要做到的；另外，可以设定一个愿景型OKR，即还没有想好明确的路径和方式去实现的OKR，好比"架设更有设计感的网站，以增加多少流量"，但如果执行到一半，外部的资源（如美术设计）无法再支援，就可以调整这组OKR。

90. 执行OKR过程中员工意兴阑珊，怎么办？

执行OKR过程中，员工意兴阑珊，往往是因为目标缺乏野心，或者觉得公司实施OKR和其他变革一样，仅仅是走走过场。OKR的目标，应该是有力量的，人们一看到这段文字叙述，就会感到备受鼓舞并自愿去尝试这件事情。以研发部为例，一组好的OKR可能以"设计新技术，内容完整、通过世界级机构认证"为目标，以"激励团队，每周想出5组创意提案"为关键结果。

如果你的目标只写出"设计一项新技术"，员工就可能提不起劲，因为这样的句子不够有挑战性。传统的目标设定方式，会诱导人们写出最低标准（因为要达标，使考核加分），但OKR的目标要尽量有"突破感"和"力量感"，才有激发的效果。

另外，组织高层，特别是总经理对于OKR实施的态度也决定了员工的积极性，总经理自己公开OKR，并每周予以跟进、更新并公开，会逐步打消员工的顾虑，让他们积极地加入进来。

91. 员工执行了 OKR，觉得跟 KPI 没什么差别，为什么？

如果员工执行 OKR 的过程中，觉得跟 KPI 没什么差别，一般因为设定目标的方法出了问题。OKR 定的是目标，KPI 定的是指标，前者更在意的是"达到目标的过程"，后者强调的是"达到指标的结果"。另外一点可能存在的问题就是 OKR 设立的过程是自上而下地进行 OKR 分解的，而不是自下而上的进行聚焦，不是员工真正要去做的，而是组织要求他们去做的。

以设计部门为例，员工的 KPI 会写成"新产品的出错率低于5%"，但 OKR 会写成：

O：极大地降低新产品出错率；

KR-1：更新设计手册；

KR-2：强化培训新技能，员工通过率100%；

KR-3：让产品出错率低于1%。

两者虽然有一样的目标，但 OKR 的方式让员工有方法可依循，就算最终没有达标，他至少做了许多有意义、能促使组织前进的事。否则 OKR 就有可能沦为形式，变成只有"对错"的管理工具，也就失去意义了。

92. 为什么执行了 OKR，团队没有因此变得更好？

有个重要的理念是，OKR 是一套中长期、循序渐进的历程，它不是一做完马上就见效的神器，因此如果遇到这类问题，很可能是 OKR 实施的时间过短，一般来讲，一个组织 OKR 真正发挥作用需要3~4个周期；

当然，如果组织实施OKR已经超过一年了，还没有变得更好，那就要看看是不是空洞的OKR了，"不透明、不解耦、不挑战、不取舍"，这些都是浪费时间的、无效的OKR。

当然实施OKR需要产生一定的效果，才能坚定团队继续执行和推进OKR的信心，因此，在实施OKR之前要对公司的管理现状做一个分析，明确OKR实施的路线图，从而有条不紊地推进OKR，找到先赢策略。

最重要的是，不要忘记经常问自己：我们实现了宏大目标吗？

93. OKR如何进行评价？

OKR评价时间应在OKR一个周期结束时，对KR进行评价即可，目标分数为KR分数的加权平均值。一般情况下，OKR评价为1分制，即得分在0~1。

OKR评价与OKR考核不同，OKR评价主要是用来自我检验，检验目标完成情况、目标及关键成果的设置合理性、目标困难度是否合理及团队努力程度，并为后续OKR的设定和执行提供经验教训。

一般情况下，OKR评价由团队成员自己进行，并对所有人公示。团队领导人组织大家进行复盘时候，所有人用数据来讲讲评价的理由，在团队沟通对话中往往会推动评价越来越客观和有效。在部门或公司级OKR中，一般在目标复盘会议上，相关参与人员一起对部门或公司级OKR进行评价。

94. 怎样快速识别不够好的OKR？

（1）如果在5分钟之内写出了全部OKR，它们通常不够好。

（2）如果目标的描述超过一行，它可能不够精练。

（3）如果你的 KR 是用团队内部语言表述的（如：发布上书 OKR1.0），它们通常不够好。重要的不是"发布"，而是其影响。为什么上书 OKR1.0 是重要的？更好的表述可以是："通过发布上书 OKR1.0，APP 下载量达到 10 万"，或者简单表述为："APP 下载量达到 10 万"。

（4）使用真实的截止日期。如果每个 KR 的截止日期都是季度最后一天，你可能没有真正做计划。确保你的 KR 在每季度末都能以客观的标准衡量。"提高登录量"不是好的 KR，更好的表述是"在 5 月 1 日前将日均登录量提高 25%"。

（5）确保衡量标准没有歧义。如"1 千万用户"是指"全部用户"还是"周活跃用户"？

（6）如果团队中有重要活动（或完成目标必不可少的一部分）没有包含在 OKR 中，那么 OKR 是不完整的，请添加进去。

（7）对于较大的团队，需要对 OKR 逐层分解，整个团队需制定高层级的 OKR，每个子团队则需制定更详细的 OKR，确保每个子团队中都有能够支撑"横向"OKR（需多个团队做出贡献的项目）的关键成果。

95. 谷歌的 OKR 评价标准是什么？

谷歌使用 OKR 制定计划：要产出什么、追踪计划进度、调整个人和团队的优先事项和重要阶段成果。OKR 帮助谷歌聚焦于最重要的目标，避免因紧急但次要的目标分心。

谷歌的 OKR 是宏大的，不是渐进增长的。谷歌并不期待 OKR 全部达成，如果全部达成，说明员工没有设定足够进取的 OKR。

对 OKR 达成情况的评价标准：0.0~0.3 为红色；0.4~0.6 为黄色；0.7~1.0 为绿色。

在谷歌的 OKR 环境下，如果愿景型 OKR 能完成 70%，就被认为是成功的。你不必将每一个 OKR 都变成绿色，因为这也不能说明你的工作做得非常出色，而是说明你的关键结果可能设定得太低了。OKR 不仅仅让你获得满足感，更要让你有驱动力。如果你小富即安，不去追求更大的成功，也不是谷歌需要的人才。

但是如果是承诺型 OKR，那么完成度必须是 100%，如果没有完成 100%，就要去思考：为什么没有做到。

复盘尤为重要，员工至少要在会议上做 3 件事：首先，这次的 OKR 得到几分；其次，为什么是这样的分数；最后，下一季度我该做什么或如何去调整。

96. YouTube 的"更多观看时长"目标，遭到过质疑吗？

YouTube（2006 年被谷歌收购，被谷歌当作一家子公司来经营）的目标"更多观看时长"，遭到过谷歌的质疑吗？

答案是肯定的，首先是来自搜索团队的工程师的质疑，因为这一目标似乎与谷歌搜索的目标完全相反；搜索产品追求的是帮助用户高效获得所需信息，用户在搜索页面停留时间越短，说明页面提供的信息越准确。对于那些来自搜索团队的工程师，必须首先让他们理解：与搜索产品的工具属性不同，YouTube 是一款娱乐产品。这样，工程师们才会开发出符合 YouTube 用户需求的推荐算法——优先推荐更有趣的、娱乐性的视频（哪怕这些视频时间更长），而不是推荐时间短、有用但枯燥的视频。

广告团队也面临新挑战，因为 YouTube 早期的广告只在视频开始前播放，追求"更多观看时长"在一开始可能会导致点击量和广告播放次数下降，广告团队不能再以播放次数计费，必须重新思考广告主的需求：不是更多的点击量，而是让更多真正的潜在客户将广告看完，乃至点击购买。

基于这一洞察，YouTube 推出了新的广告产品：TrueView，用户可以在广告播放 5 秒后自主点击跳过，YouTube 以完整观看次数或者购买链接点击次数向广告主收费，同时提高每次收费标准。为提高完整观看次数，TrueView 不断提高广告推荐精准度，最终用户自主性更高、广告效果更好、广告收入更高，实现了用户需求、广告主需求、平台收益之间的平衡。

第五篇

OKR 的管理
——如何确保 OKR 成功落地

OKR 成功落地并不容易，公司必须对 OKR 抱有信念，并且要配置相关的资源、制定可落地的流程并持续不断地改进。OKR 要成功落地，首先要制定公司 OKR 运营手册作为公司推行 OKR 最高法则，并任命 OKR 牧羊人，培养 OKR 大使，持续不断地学习和推进，从 OKR 创建、对齐、评价和复盘，每一个步骤都是必须的，只有懂方法、建体系、育人才，才能发挥 OKR 的巨大价值。

第五篇

OKR 的营理
——如何确保 OKR 成功落地

OKR 成功落地并不容易，公司必须对 OKR 抱有信念，并且要有相关的资源，能够灵活地应对并持续不断地改进。OKR 要成功落地，首先要知道公司 OKR 运营手册作为公司推行 OKR 最重要的准则，并讨论 OKR 领导人、培养 OKR 大使、持续不断地学习和提出，以 OKR 的制度、政策、评价和奖金，每一个都是需要必须的。只有通过方法、体系系、有人才，才能使 OKR 真正落入实地。

97. 组织如何开始 OKR 之旅？

约翰·杜尔认为：首先，也是最重要的是，公司必须对 OKR 抱有信念。这种承诺需要来自各个级别：首席执行官、高级领导团队以及公司中的每个团队成员。上下一心的信念是确保成功的最好方法。之所以 OKR 在谷歌大获成功，是因为拉里·佩奇代表的领导层致力于 OKR，且得到了团队的适当支持。

一旦公司确定实施 OKR 系统，就应该确定 OKR "牧羊人"，即可以负责教育团队、跟踪进度以及对实施进行必要调整的人员。这个人可以是首席运营官、人力资源主管、工程主管或领导团队中的任何其他人员。第一次实施 OKR 可能不会完美，会有反对者，因此确定实施优先级的 OKR "牧羊人" 至关重要。

公司在决定要实施 OKR 时，要考虑如何将其融入他们的文化，并且能够升级团队的文化。挑选一些与 OKR 实施相关的标语，让它们在整个公司中随处、随时可见。

最后，所有员工，包括新员工应接受有关 OKR 的正式培训，持续学习 OKR 知识，同时建立个人的 OKR 系统。对于中小微组织来讲，选择适合自己的 SAAS 平台，比如上书 OKR 系统，其设计理念是专门为中小企业定制，成就非凡是上书 OKR 的使命，这就是我们使 OKR 推行成功且持续成功的方式。

98. OKR 委员会由什么人员组成？具体做什么？

对于中大型组织来讲，推行 OKR 这个变革本身就具有相当的挑战性，成立OKR委员会是一个较好且可行的开始方式。OKR委员会主要由公司主要高管、HR部门负责人和外部顾问组成，人数一般在3~7人，OKR委员会通过协助团体沟通，达到情感交流、建立关系、激励士气、传递信息的作用。具体工作包括：

（1）评审各部门提交的OKR是否符合公司原则；

（2）选择参与各部门会议，找到并协调各部门OKR工作之间的矛盾；

（3）分析各部门提出的问题，并帮助解决问题；

（4）总结各部门在推行OKR过程中的优秀实践，并在公司范围内推广与学习。

在OKR委员会下面可以成立大使工作组来具体实施日常工作，并且作为培养人才的一种方式。毕竟推动一场变革，需要从变革中带来更多的领导人才。

99. OKR运营手册包括哪些内容？

OKR运营手册是公司OKR运营的最高指导文件，帮助全体管理人员和员工更好地将OKR落地，一般来讲，OKR运营手册一年修订一次，以期更好地符合组织发展需要，增加在过去一年内总结出来的经验和教训，为下一年度更好地实施OKR提供参考，它的内容包括但不限于以下内容：

（1）OKR理念：OKR的指导思想，作为总纲来指导全体员工更好地运用OKR来推动组织成长。

（2）OKR委员会：作为OKR运营最高决策机构来保证OKR能够发挥价值。

（3）OKR标准：制定OKR的标准，好的OKR是什么？不好的是什么？

（4）OKR执行：OKR执行的流程、会议要求等，确保OKR能够在全体员工的工作中得到高效执行。

（5）OKR评价：如何评价OKR，如何确保OKR能够更好地驱动目标实现和员工成长。

（6）员工责任：明确员工在OKR实践中应该担负的责任，指导员工如何开展工作。

（7）管理者责任：明确管理者在OKR实践中应该担负的责任。

100. OKR落地有哪些关键要点？

（1）高层价值认知先行。公司高层，特别是公司的负责人，认知到OKR的价值并把OKR作为公司层级的重点事项进行大力推行，是OKR推行的先行条件之一。

（2）建立公司OKR委员会，建立大使工作组，并指定OKR"牧羊人"，制定OKR运营手册来统一所有人的认识。

（3）认知、应用与时间成本。成功的管理变革既要自上而下，也要自下而上，认知和应用为员工使用OKR赋能，随着时间的推移，公司才能收获OKR创造的效益，OKR走上正轨以后，马太效应会愈发凸显。认识到OKR落地对认知、应用和时间的成本要求，以"投资思维"将每一步合理做好。

（4）以正确的姿势落地。坚持"6不变"原则会帮助公司快速有效地落地OKR，如果是空洞无效的OKR，管理变革所发挥的作用会大打折扣，甚至是失败。

（5）在没有完全掌握和运用OKR精髓时，最好先僵化再优化，在实施初期不要做任何的修改，待整个团队能够很好地适应的时候，我们再针对性做优化。

（6）培训、培训、培训，持续的OKR的培训是保障每一位员工真正理解并支持OKR落地的基础。

101. 对OKR落地的十个建议是什么？

（1）建立自由的环境。在这种环境下，允许每个人出现失败，而无须受到批判。

（2）要少用外在奖励来激励员工，更多采取公开的、切实的措施来衡量他们的成就。

（3）因为环境条件在改变，所以只要对组织的发展有利，可随时更改、添加或删除OKR的某些KR，即使是在考核周期的中期阶段。谷歌公司有句名言：目标不是写在石头上的（目标并非一成不变的）。如果固执地坚持不相关或不可能实现的目标，只会适得其反。

（4）为了使OKR具有及时性和相关性，保持高节奏，每周都应鼓励员工与管理者之间进行一对一的OKR会议，以及召开每月的部门会议。

（5）在每个周期的开始，区分一下必须达到100%的目标（承诺型OKR）和那些要非常努力才能完成的目标（愿景型OKR）。

（6）为了刺激人们解决问题并激励其取得更大的成就，要设定一些有挑战性的目标——即使这意味着有些季度目标可能无法完成。但也不要把目标设得太高，以致OKR变得不现实。当人们知道他们不可能完成目标时，心态将会受到影响，士气低落。

（7）要想在生产力或创新上取得飞跃，请遵循10倍速经营思维，并且用指数级来替换增量式的OKR。这就是组织被颠覆、品类被推新的原因。

（8）当一个团队没能完成愿景型OKR，但是目标仍是相关的，则需要考虑把目标转到下一个考核周期。

（9）在进入下一个考核周期之前，花点时间反思上一个周期完成的工作。使用OKR等级加上主观自我评估法来评估过去的表现、庆祝业绩的取得，以及对未来进行规划和改进。

（10）为了让 OKR 更好地发挥作用，采购一套专用的、自动化的、云上的平台，一个公共、协作、实时的目标设置系统最为有效。

102. 从哪个层级开始实施 OKR 比较好？

从最高层开始实施 OKR，这种方式是很多公司最佳的选择，不仅因为它符合"平滑推进"这个有科学依据的概念、对员工的影响最小外，还因为 OKR 本身是从公司战略角度去设定的。公司高层是整个公司中对于战略最清晰的一群人，所以他们更能清晰理解公司的 OKR，从而快速展开行动。

如果公司规模比较大，可以先在高管层面推行 OKR，也可以选择一个团队开始，比如华为选择首先在 HR 体系内推动 OKR，随后遵循自愿原则，其他部门陆续加入。

如果公司规模比较小，例如创业公司，也可以一开始就全员推行 OKR。

103. CRAFT 方法怎么用？是什么？

CRAFT 作为一套 OKR 制定的流程和方法，可以应用于公司所有层面的 OKR 制定。CRAFT 即 Create、Refine、Align、Finalize、Transmit，其含义分别为：

Create（创建）：遵循 10 倍速增长原则，为公司提供具有挑战性的 O（目标），创建合理而具有挑战性的目标，是一个良好 OKR 的开始，它会告知和协调公司中每个人的工作。

Refine（精练）：把 OKR 草案提交给整个团队，通过研讨会进行调整更新，使之最终符合 SMART 原则（Specific 具体，Measurable 可衡量，Attainable

有挑战性的，Relevant 与目标关联，Time table 有时限）。

Align（对齐）：认可依赖关系，联合定义 KR。

Finalize（定稿）：把 OKR 提交给公司 OKR 委员会进行批准。

Transmit（发布）：沟通并发布 OKR，使员工与公司最高目标一致，在全公司范围建立清晰的目标和明确重点。

104. 一把手对 OKR 只想试试看，可以吗？

首先明确，一把手是不是相信 OKR、相信到什么程度，直接决定了 OKR 的成败！所有的组织最终的经营结果其实都是践行组织经营哲学的一个过程。这个组织的一把手，他相信什么、去实践什么，最终就会得到什么样的效果。

如果组织一把手对 OKR 抱着"试试看"的态度，其实根本就不用去预测，OKR 肯定推不下去。因为这个工具虽然极其简单，但却又极其深奥，成功运用 OKR 的组织在实施 OKR 过程中，都多多少少摔过很多跟头，犯了很多错误，都是在持续不断的总结后才能熟练运用起来，并最终形成自己的独特风格。但前提是，从一把手到团队成员，大家一直都相信这件事情，所以才能坚持下去，走向胜利。

关于实践方面，我们去很多组织交流 OKR 的时候，一定会先去看它的一把手对 OKR 的态度和他的实践行动究竟如何？我们会发现很多时候一把手不愿意亲自去写 OKR，我们也会直接指出来：如果你自己不实践，或者只想"试试看"，这个 OKR 肯定是推行不下去！

105. OKR 大使、OKR 牧羊人角色定位及具体工作是什么？

OKR 大使，作为公司 OKR 内部教练或顾问，有点类似 OKR 志愿者，主要职责包括：理解和宣导公司 OKR 内容，搜集和解决 OKR 执行过程中的问题，并指导相关同事和部门经理解决这些问题，帮助 OKR 实施打破部门和层级的边界，推动 OKR 文化建设。

公司实施 OKR 每 30～50 人至少就要有一个 OKR 大使。所以公司导入实施 OKR，通过建设和培养一支 OKR 大使队伍能起到事半功倍的效果。一旦遇到问题，这支队伍就在一线帮助纠正实施过程中的种种问题，成为推行 OKR 的中坚力量。

OKR 牧羊人可以看成是 OKR 大使队伍的领导者，通常由公司的高层担任。OKR 的牧羊人需要跟踪 OKR 的总体进程，推动解决 OKR 系统性的问题。这个角色，可能是首席运营官（COO），也可能是人事总监，小公司一般都直接由首席执行官（CEO）直接来担任。

员工可分为两种类型，"X 型"指的是行为容易受外在环境、动机影响的人；"I 型"则是相反，是比较关注行为本身的动机及其带来的成就感的人。执行 OKR 过程中会遇到很多困难、挑战，因此需要有较强驱动力的领导者，需要他具备自我管理、专精投入等特质。因此执行 OKR 方法时，建议用 I 型人当 OKR 大使，他不一定是最高级的主管，但要对整套理论及进行中的目标非常熟悉。

106. 谁来担任 OKR 导师？

导师，一般咨询公司有 Tutor、Mentor 等叫法，也有些公司流行叫"教练"。那么 OKR 导师到底有无必要，谁又应该担任 OKR 的导师呢？

有无必要？首先，不论是目标还是关键结果的制定上，都需要有能力的人来胜任。其次，说到辅导，无论是哪种情况，都需要一个机敏的调解人或团队领导参与并辅导，因为团队成员水平良莠不齐，辅导可以拉平他们的水平，使每个人都可以胜任。

谁来担任 OKR 导师呢？理论上 OKR 导师谁都可以担任，只要他能够承担其辅导员工制定、执行 OKR 的工作，并及时地帮助被辅导者持续改进。

公司级的一把手可以担任（正如英特尔的安迪·格鲁夫一样），部门一把手也可以担任，甚至外部的教练、顾问都可以担任（正如谷歌的约翰·杜尔一样），HR 负责人也可以担任。为了保证 OKR 导师的理论水平和实践水平，担任导师的人需要经过专业培训和认证，才能保证更有效地辅导 OKR，促其落地实施。

107. CEO 们对 OKR 实施提出的 10 点建议

成功实施 OKR 的公司的 CEO，对想要效仿的公司提出了以下 10 条建议：

建议 1：要有耐心。你不可能第一次尝试 OKR 就取得成功。通常会有一个尝试和犯错纠偏的过程，所以如果需要几个季度才能把 OKR 真正落实到位，你也不要感到惊讶或气馁。

——约翰·杜尔　OKR 之父

建议2：在公司内部找到一个OKR专家，最好是管理层。他充分了解OKR，并愿意积极支持和推行OKR的实施，他还可以帮助教育其他管理层。

——约翰·杜尔　OKR之父

建议3：全员参与。OKR需要成为公司的文化和DNA。新员工也应该接受OKR培训。所有的OKR都应该是公开的，包括评分与目标进度汇报，这是OKR成功的关键。

——约翰·杜尔　OKR之父

建议4：注意由上而下和由下而上。每个团队成员都应该把他们的个人目标和组织目标联系起来，公司的目标也应该包括个人层面上的创新想法，这能赋予员工在工作中的主人翁意识。

——约翰·杜尔　OKR之父

建议5：寻找支持OKR实施的工具。公司需要采用一些工具来落实和分享OKR。

海外有很多支持软件，目前国内也有一些软件支持。刚开始大家也可以使用简单的Excel表格、公共文件夹和内网平台分享和公布OKR。

——瑞克·克劳　谷歌投资人

建议6：保持流程简便。不要使用太多的文档或会议增加大家的工作量，这样OKR就难以推进了。

——瑞克·克劳　谷歌投资人

建议7：经常检查战略目标。每次设置出个人或团队OKR后，检查这些目标是否对公司OKR有关联度与贡献度。

——瑞克·克劳　谷歌投资人

建议8：用OKR实现公司使命。很多公司的使命是模糊的，或只是一个贴在墙上的横幅。你可以运用OKR来实现公司使命和培养公司文化，把你的目标和公司使命直接联系起来，关键结果就是实现的手段。它会让整个公司团结一致并朝着正确的方向前进。

——杰夫·韦纳　领英首席执行官

建议9：让每位员工觉得自己很重要。优秀的领导者会让公司的每位员工展示自己不同的价值，从而在每一个季度都能为实现高层次目标做贡献。所以当员工开始定义个人 OKR，请确保他们能用一个具体实际的方法支持公司目标，让员工感受到参与激励。

——杰夫·韦纳　领英首席执行官

建议 10：沟通最重要。记住，OKR 不仅仅是衡量目标进展的一种方法，更重要的是，它是一个沟通的工具，它让其他人看到你正在做什么和你想完成的事。请确保团队互相了解彼此的 OKR，从而推进团队协作。

——迪克·科斯特罗　推特首席执行官

108. 第一次实践 OKR，怎么做能降低风险？

第一次尝试 OKR，很容易因为各种问题失败。团队失败一次就士气大挫，不愿意再次尝试，这是一种很危险的想法。因为，也许只是需要再多花一点儿时间，就可以掌握这个如此有力的工具。下面有三种方法能减少这种半途而废的风险。

（1）第一次实践，全公司只需设置一个 OKR。只设置一个明确的公司目标，团队就能发现员工们的水准、效率都大大提升。那样的话，团队成员很可能会主动要求再来一次 OKR。先不急于自上而下设置各个级别的 OKR，先向团队解释季度的目标，认可出哪些人接受了这套方法，哪些人还需要额外指导。

（2）全公司施行 OKR 之前，先用一个团队去尝试，最好是公司高管开始先尝试。选择一个相对独立的团队，他们完成目标不太需要其他团队的支持，这样能保证他们的 OKR 可以正常实施。如果成功了，就可以让其他团队陆续尝试，直到整个公司都理解并认可了这个方法。

（3）也可以尝试用 OKR 做项目管理，目的就是让员工先理解这个方法本身。养成习惯后，一旦有重要项目要开展，员工们都会主动问这个项目的目标是什么、怎么衡量关键结果。通过小的尝试，让团队成员学习 OKR 是怎么运转的，能增加公司层面成功实施 OKR 的可能性，也能减少第一次失败后的挫败感。

（4）最后，如果公司人数较多，建议聘请专业的顾问来辅助实施，好的教练会极大地减少失败的可能性！

109. 如何将 OKR 持续下去？

  OKR 是个极其简单的工作法，但运用起来需要一段时间的实践才能正确而有效地运用，OKR 的实践是一个持续的过程，务必保持耐心和清醒。使用 OKR 是一个过程，总是会有偏离方向的时候，所以，OKR 也不是一成不变的，可以灵活调整。大部分组织要完整地走完三四次 OKR 的设定流程，才能真正上手。之后随着使用次数的增多，员工对 OKR 的理解也会逐步加深。

  OKR 更加注重长期目标，许多公司在实施目标管理时过于强调短期目标，常常把每周、每月的考核结果和薪酬关联起来，以此来调动员工的工作积极性。我们不能完全否定短期考核的效果，但是，研究发现，如果公司在目标管理中过于强调短期目标达成结果，就会影响员工的长期目标导向，让员工们变得短视。

  最后，制定先赢策略，这也是推行 OKR 的一个策略。在实施 OKR 的前期，要着重找到目前组织遇到的最核心、正好又是 OKR 能解决的问题，并着力解决，这是赢得大家持续支持的关键。

110. 公司战略公布后，对总目标的承接方式有哪些？

以字节跳动为例，看看一项公司战略被公布后，对总目标（Objeltives，以下简O）的承接方式有哪些？

第一种是分解式承接，此时上级的O往往涉及多个维度的描述，例如上级O为"提高某产品的市场竞争力和份额"，需要产品、市场、销售、人力同时提供支撑。此时对应的业务/职能部门负责人即可将上级的O按照自己对应的职责范围进行分解，形成自己部门的O。

第二种是转换式承接，若上级的KR（Key Results，即"关键结果"）与下级的职责范围直接对应，则下级的O可从上级的KR出发进行转换，再根据自己的O定义相应KR（如图110-1所示）。

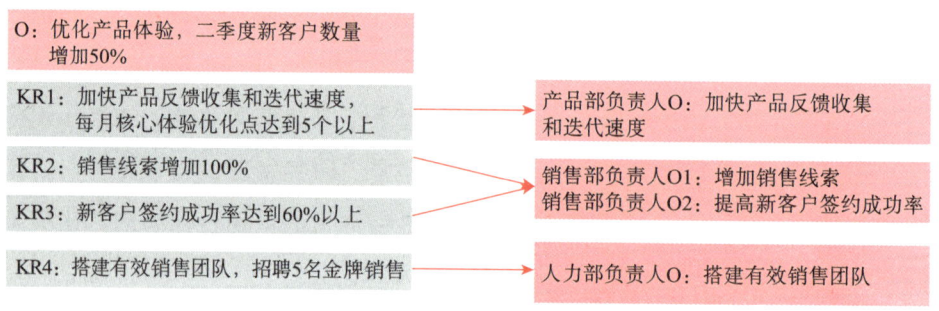

图110-1 转换式承接

内容来源：字节跳动虚拟案例展示

第三种是直接承接，该方式适用于上级的O与下级职责范围重合，下级填写O时可以直接引用上级的O。

一般来说，第一种转换方式以宏观类型O为主。第二种和第三种转换方式多发生在微观类型O，描述方式较为精确、单一，例如图展示的"加快产品反馈收集和迭代速度"。OKR在对目标的追踪上，一改KPI的结果导向至上。当然，并非结果不重要，但是结果往往是包含市场环境、对手竞争、资源投入在内的多方面因素的复杂产物。因此，在效益之外，要重视多个关键结果对员工的工作状态形成全方位评估。

关键结果的引入，扭转了 KPI 对员工创新扼杀的弊端，另一方面也使下一次制订目标更加科学（例如字节跳动允许员工根据实际反馈随时调整 O 的设定，前提是合情合理）。这样，如何准确公允地衡量员工的 KR 完成情况，又不纵容员工有意降低 KR 实现难度，就成了避免 OKR 沦为形式主义的重中之重。

111. 有些部门提交的 OKR 质量不高，怎么办？

OKR 鼓励创新和挑战目标，可以容忍失败，失败了也不会与薪酬或者晋升挂钩，员工无后顾之忧，所以应当鼓励员工适当提高 OKR 的质量。在实施 OKR 之前，需要对员工进行培训，让员工学习 OKR 的知识和撰写方式理解 OKR 的本质和价值，并且认可 OKR 是自我管理的工作方法，是用来帮助员工进行自我提升的，而不是用来考核员工的。

如果仍旧把 OKR 定义为一个考核工具，那员工肯定是不愿意接受的，这是部门或员工提交的 OKR 质量不高的根本原因。如果没有员工积极主动的配合，任何先进的体制都不可能成功导入 OKR。只有当员工理解并认可了 OKR 的底层逻辑，且不惧怕不能完成 OKR 带来惩罚，他们才愿意去主动提升自己，那么部门提交的 OKR 质量自然会提升。

对于大中型组织来讲，公司最好组织一个 OKR 委员会来评审并辅导部门 OKR，参照 OKR 的 FACE－4R 原则，不断检视各个 OKR 的情况，从而促使各部门和员工持续不断地改进和提高 OKR 质量。

112. 什么是 OKR 检查表？

为了应对 OKR 日益增加的复杂性，作为一种既定的、结构化的、可复制的实践，在组织环境中想要产生效果，必须要有一个明确的、可衡量的路径，这是在经验的基础上，利用集体的智慧、成熟的知识，弥补我们传统工作方式的不足。我们需要一个清单来成为 OKR 冠军，它将减少你在 OKR 部署工作中的工作量，提高你的组织产出，它就是一系列的 OKR 检查表。

OKR 检查表#1——使命和价值观：这将有助于让所有的人都在同一航线上，确保所有员工与公司前进方向一致。

OKR 检查表#2——定义组织 10 倍速目标：通常被描述为 BHAGs（Big Hairg Audacious Goals，即宏伟、艰难和大胆的目标），这些目标应该是远大的，并专注于带领组织实现 10 倍速增长。

OKR 检查表#3——决定规划节奏：是指对预先定义的 OKR 分级，对新 OKR 创建合适的频率。如果 10 倍速增长的目标是在 12 个月以内，则 OKR 的节奏设定为 1 个月会更好。如果目标超过了 24 个月，OKR 的节奏为 2 个月或者 3 个月是比较妥当的。

OKR 检查表#4——建立中期目标和时间段：在最终确定规划周期后，重要的是要确定哪些时间段或 OKR 周期将被包括在规划过程中。这些中期目标将作为组织使命、组织 OKR 和员工 OKR 之间的联系。

OKR 检查表#5——设定回顾节奏：建立正确的回顾节奏是关键，它可以指导 OKR 的审查和更新。节奏贯穿 OKR 的始终，从每天、每周、每月和每季度的捕捉，通知所有员工、团队、领导和组织的整体进展。对于高增长的组织，我们建议采用每周的节奏，因为在这样的环境中，事情的发展速度较快，回顾节奏过慢，团队的动力会减弱。

OKR 检查表#6——完善规划流程：在规划的过程中，组织的目标是由领导层起草、分享和审查的。高层次的 OKR 被创建后，就会被分发在各职能部门、团队，促进跨团队的合作，以及各经理/领导/主管与他们的部门合作，确定团队的具体目标和个人的目标，以促进和推动更广泛的成果。

OKR 检查表#7——在规划过程中审查 OKR：一旦团队和个人起草了他们的，就需要与更广泛的团队一起审查。这里的目标是用 FACE－4R 原则来制定和审查的，以推动透明度、一致性和协作。

OKR 检查表#8——建立每周/每两周一次的周回顾会议（或称为动车会议）：建立每周/每两周检查和动车会议的习惯性节奏，把聚焦重点和深思熟虑的习惯融入所有员工的日常工作中。每周一次的会议是对过去一周进展的反思，也是确定下一周工作重点的指南。

OKR 检查表#9——周期末 OKR 评价：周期结束时对 OKR 的评价是对目标完成情况的最终评分或分级。它通常包括 3 个部分：完成度、困难度和努力度。如果 KR 是承诺的，那么 100% 的完成度才算完成了目标；如果 KR 是期望的/延伸的，那么通常情况下，最佳完成度在 70% 左右。

OKR 检查表#10——为下一周期做准备，并将任何未完成的 OKR 进行展期：这一步回到检查表#7，在规划过程中审查 OKR，开始与各小组合作，确定下一个周期的优先事项。在确定了最高级别的优先事项后，就又进入 OKR 起草过程。

另外要注意的是，会有一些目标没有完成或没有得到牵引。在这种情况下，如果目标仍然是一个优先事项，那么将其延续到下一个周期是有意义的，而不是放弃它。

113. 执行 OKR 需要中期评审吗？

对于周期在 3 个月的 OKR 来讲，答案是肯定的。通过中期评审，可以帮助团队更好地聚集和对齐目标，并保证目标在正轨上。在不对已经展开的工作产生过多影响的前提下，对 OKR 进行中期评审，以此来找到工作当中哪些内容需要被赋予更多关注，哪些则干脆需要被放弃掉。

找到落后或超前于计划的事情，可以帮助团队更好地调整团队资源配置，以及更合理地制定接下来的计划。对 OKR 进行中期评审，最主要的目的在于根据当前的进度和状况，推测出在季度末时可以达成怎样的成就，并找到出现问题的环节，这样才可以及时采取相应的措施。

114. 公司实施 OKR 之后，管理人员应该做哪些改变？

在"知识革命"时代下，经理人的定义转变为"为知识的创造及表现负责的人"，管理人员不仅要激发和赋能员工，更重要的是寻找创意型（富有创造力的人才）并创造好的环境和机制来一同实现宏大目标，具体来说，包括：

（1）从招人到找人的改变，管理人员要认识到寻找富有创造力的人才的重要性，积极地找到合适的人成为工作的重心。对于不能有效创造的人，要快速果断地进行换岗和劝退。

（2）让员工更好地理解公司使命和战略，持续的沟通、对齐目标，积极鼓励员工制定更具挑战性的 OKR。

（3）及时掌握员工的工作进度和取得的阶段性成果，如果员工有错误，第一时间帮助他们纠正，并积极地协调好其他人的工作，这样可以提高整个团队的工作能力。

（4）对待员工不仅要关心他们的工作，还要留意员工的信心值，如果出现员工工作态度消极的情况，要及时了解原因，给予适当的帮助，和员工建立起良好的关系。

（5）包容失败，能够和员工一起面对失败，从失败中找到原因，持续改进。

115. 为督促员工，该不该设定奖励制度？

这个问题本身就有问题，OKR 是自驱的，是与绩效考核解耦的，实施 OKR 成功的组织都建议不要设立金钱方面的奖励，因为这会降低员工完成整体目标的持久动力和内驱力。例如某员工业务的目标是"增加成交量"，为了做到这件事，关键结果有"参加培训课程"。一旦加入奖金制度，员工可能为了赶快达到设定的成交量，放弃需要较长时间才能看见成果的培训计划。

不设置金钱奖励，但可以在组织中设立一些奖项，用于鼓励员工与管理者运用 OKR。这些奖项可以根据实际情况进行评选（年度、季度和月度都可以）。评选完毕后，在集体会议上阐述事迹，传授经验，颁发奖项。因为 OKR 要求员工的目标与组织的意愿、目标相契合，并通过团队共同协作实现目标，所以在奖项设计上可以导向团队协作。

另外，在 OKR 的跟踪管理过程中，对员工或团队的努力和取得的成就及时给予认可，这种认可包含口头或书面的形式，也包括有形的措施，譬如举行庆祝会议，用于及时认可和鼓励。

116. OKR 如何垂直聚焦和水平对齐？

公司的 OKR 确定后，各部门要开始拟订自己团队的 OKR，团队 OKR 要做垂直聚焦和水平对齐。团队 OKR 是有层级的，有大团队（类似一般公司中的部门），也有小团队（一般在 3 人左右的），团队之间也要做依次对齐。

团队的垂直聚焦，既是聚焦上层的 OKR 的过程，也要提出自己想要的 OKR，同时也是和跨团队 OKR 的对齐。团队的水平对齐，可以帮助团队找到有协作关系和依赖关系的团队，可能有团队有兴趣主动承担其他团队的目标（即协作），当然也有团队想去寻找能支持的关系（即依赖），这都是"水平对齐"经常出现的。

公司在通过圆桌会议确定公司级 OKR 后，公示给全体部门和员工，部门制定好自己的 OKR 后，公司组织共创会议来推动跨部门之间的 OKR 对齐。在共创会议上，每一个团队负责人都向大家介绍自己团队的 OKR 如何聚焦公司的 OKR，并寻求协作或者主动和其他团队合作对齐。在会上，公司可以组织相关的团队进行研讨，然后在一轮修改后分享，最终形成团队相互对齐后的 OKR。同样的会议可以在部门内部进行，确保团队成员之间的相互对齐。

当然，对于人数少的公司，可以直接进行全员圆桌会议，共同参与共创会议，这样效果会更好。

117. 如何确保团队工作的协同和联系？

（1）全体员工的 OKR 都应该是透明的，让从首席执行官到员工都明白实现卓越运营的路径是透明的、公开的，以此激励整个团队。

（2）创新往往产生于公司的基层边缘，而很少产生于权力中心，当部署由高层驱动的垂直层级 OKR 时，应尽可能地欢迎一线员工的加入，针对关键结果与其进行交流，并适当接受他们的意见。

（3）跨部门、跨职能的操作使快速和协调的决策成为可能，因此需要通过 OKR 的左右对齐，将团队联系起来，打破部门间的隔阂，获取更多的竞争优势。

（4）在全体大会上反复强调、解释为什么 OKR 对于组织如此重要，直到 OKR 的理念和方法刻印进每个员工的脑海。

（5）当修改或删除 OKR 目标时，请确保所有利益相关者都了解这一情况。

118. 如何更好地进行目标规划和反馈？

为了更好地进行目标规划和反馈，管理者可以通过向相关员工提出问题的方式促进沟通，这里有一个问题列表，可供参考：

（1）你打算把精力集中在哪些 OKR 上，以便为你的角色、团队或公司发挥最大的价值？

（2）这些 OKR 中，哪些目标和关键结果能够与组织中的 OKR 保持一致？

（3）你的 OKR 进展如何？

（4）你需要什么样的关键能力来获得成功？

（5）是不是有一些因素阻碍你实现目标？

（6）考虑到优先级的变化，你需要调整、增加或删除哪些 OKR？

（7）如果目标再设置得更有挑战些，你还有哪些顾虑？

119. 为了做好沟通，管理者应该思考哪些问题？

为了做好日常沟通工作，管理者应该考虑以下问题：

（1）我们的使命是什么？我如何和同事们沟通使命？

（2）我应该倡导什么样的行为或价值观，又需要摈弃哪些行为或价值观？

（3）我能够提供什么样的指导，充分激发员工的潜能？

（4）工作中最让员工兴奋的东西是什么？

（5）员工想要改变自身角色中的哪些方面？

为了梳理并明晰某个员工的职业抱负，管理者可以询问以下问题，并真诚地提供反馈和帮助：

（1）你愿意培养什么样的技能或能力，来改善自己目前的角色？

（2）为了实现你的职业目标，你愿意在哪些领域提升自己？

（3）为了你未来的角色发展，你想开发出什么样的技能或能力？

（4）从学习、成长和发展的角度来看，我和公司怎样才能帮你实现目标？

为了从相关员工那里得到坦诚的反馈，管理者可以提出如下问题：

（1）你从我这里得到了哪些让你觉得有用的东西？

（2）你在我这里受到了哪些阻碍，导致你的能力没有有效发挥？

（3）我能为你做些什么，才能帮助你获得更大的成功？

120. 认可可以保持员工更加敬业吗？

认可员工，是对其敬业度、忠诚度甚至生产力产生积极影响的有效方法。尤其是在不确定的时期，员工可能会感到不安，领导者积极、有效的认可是一种有意义的做法，使团队成员感受到重视和赞赏。请记住，你提供的认可质量以及如何认可很重要。

许多经理使用薪酬和现金奖励来代替对员工的认可。虽然没有员工会拒绝奖金，但是这也是远远不够的。但研究表明，只有经济激励，实际上会剥夺员工与工作相关的乐趣，并随着时间的推移失去效用。而认可，才是提升员工敬业度的有力工具，可以保持员工队伍的一致性、积极性和团结性，让他们激发内心深处对工作的热忱。

那么，怎么来表达对员工的认可呢？如果你对他们说，"感谢你对该电子表格的帮助"，也许他们听到后也会很高兴，但没有那么有意义，不妨试试这样说，"你对本周数据的提取和整理，又详尽又精确，帮助我与我们最大的客户续签了2年。谢谢你，没有你就做不到！"

看到不同了吗？因此，下次想说"谢谢"或"做得不错"时，可以试试这样说，就可以把你的陈述句换成真正的认可与赞赏。

（1）公开承认：领导可以在公司会议、公共频道或当面表扬认真工作的员工。

（2）及时和具体：员工完成工作后，应该马上得到反馈，而且反馈的内容不要泛泛而谈，要具体地说出员工的工作给组织提供了怎样的帮助，这样才能体现出领导真正审视了其工作成果。

（3）每天复盘胜利果实：每天都要赞许员工的努力工作，认可员工的工作成果，也建议成员间相互提供支持的工作后，都要表示感谢和认可，在组织内部形成认可文化。

（4）小额的经济奖励：一旦企业启动认可计划，可以通过小额的员工奖金或其他奖励来支持这种认可计划，而且奖励要及时兑现。

总之，适时适度的认可文化和奖励计划，可以提振员工士气，让他们更加敬业，提高他们在工作和协作中的参与度和生产力，当员工敬业、快乐和富有成效时，企业就会获胜。

121. 给团队成员提供反馈的 5 条技巧

（1）将反馈集中在目标上，而不是人身上。如果你认为必要，你可以提供尽可能多的反馈，但是如果这些反馈与集体追求的目标无关，那么它似乎是个人化的，而且不合适。向队友提供反馈意见时，请专注于过程，专注于与实现目标有关的问题。这样提供的反馈才是真实的，而不仅仅基于个人的看法，并且有助于实现总体目标。

（2）考虑一下此反馈为谁服务。让团队成员考虑一下，他们的反馈是否仅仅因为他们觉得"说出来更好"，还是因为他们认为这将真正地帮助改善流程或实现目标？

（3）提供反馈的上下文。这些反馈到底与哪个接收者有关？确保反馈符合你们的共同目标，而不是超出范围。

（4）认真听取你的反馈意见。当人们提供反馈时，很多事情可能会被误解或遗漏。所以，当准备好提供反馈时，要做好准备工作使其更加清晰、简洁和有意义。收到反馈的人也应该认真听取意见，有意地尝试改进工作。

（5）反馈具有描述性。如果没有具体的示例，个人可能很难准确地理解如何给出或听取反馈。

122. 使用什么样的工具会帮助 OKR 的应用？

（1）用表格管理 OKR。实际上，表格完全可以作为 OKR 实施工具，它成本低廉，又足够简洁。你可以将 OKR 拆分成公司、团队、个人三个维度，同时在表中罗列出负责人、进度、得分等关键信息。在 OKR 实施中，很重要的一点就是全员公开，因此我们可以把表格发给全体成员，所有员工的 OKR 放到公司或者部门最显眼的地方上墙，并每周做一次进度更新。

（2）用协作平台管理 OKR。用表格管理 OKR 足够方便，但也带来一些问题。比如，当你的团队大于 10 人，很可能会发现还没到一个季度，各个成员的 OKR 表格就堆满了桌面，导致遗失和错乱。此时，你可以使用市面上的协作平台来管理 OKR，比如上书 OKR，飞书也是不错的。

123. 典型的 OKR 循环是什么样的？

在谷歌公司，一个典型的 OKR 循环，是从开年前 4~6 周，也就是每年 11 月中旬或者 12 月初开始的，这时要对整个公司一季度和全年 OKR 进行头脑风暴。在12月中旬，要确认整个公司一季度和全年的OKR，并公布，如图123-1所示。

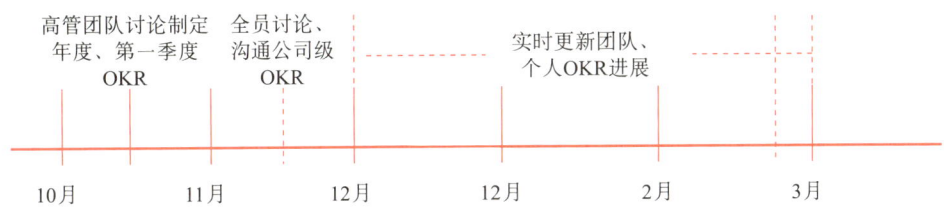

图123-1　谷歌OKR循环

新年到来后，团队就要开始CFR（即对话Corversation、反馈Feedback和认可Recognition，CFR是一整套为OKR服务的传输系统和通信系统）的第一个步骤：对话。围绕一季度的OKR进行充分沟通。每个人先要提出自己这一季度的目标，不过这个目标会被团队其他成员不断挑战，直到达成共识，这个步骤大概有一周的时间。第一周后，就要在全公司范围内，公布每个人一季度的OKR。因为每个人的OKR都会被公开，如果谁没有设定OKR，全谷歌的人都知道，因此每个人都会主动、及时地把自己的OKR设定好。

在整个季度中，要进行CFR的第二个步骤：反馈。不断追踪和确认OKR的进展情况。具体的反馈周期，会根据项目的情况各有不同。有些处于关键节点的项目，甚至需要每天都反馈，研究第二天如何调整。有些已经成熟的项目，可能一周才需要反馈一次。

最后，到了3月下旬，就要根据OKR的完成情况进行评价，也就是CFR的第三个步骤：认可。也就是要评价这一个季度的OKR完成情况。评价的区间是0~1分，并且采取类似交通信号灯的形式。0.7~1分属于绿灯区，就是基本或者很好地完成了关键结果，下一步可能要设定更有挑战性的目标了；0.3~0.7分属于黄灯区，虽然取得了进展，但没有能够完成关键结果，下一个周期还需要更加努力；0~0.3分属于红灯区，没有在完成关键结果的基础上，取得实质性的进步。如果已经好几次都处于红灯区，很可能就要重新考虑这个项目的可行性问题了。

124. 谷歌如何将公司级年度 OKR 分解？

谷歌在确保各团队理解公司级愿景 OKR 和年度 OKR 的前提下，由各团队自主思考"本团队能贡献哪些价值，来支撑公司 OKR 的实现"，然后自主制定团队 OKR。

这是"自下而上制定 OKR"的真正含义，并不是完全自由发挥。即使是公认的高素质、高内驱力的谷歌员工，在制定 OKR 时也必须遵循严格的规程（即《谷歌内部 OKR 运营手册》），偏离公司目标或不够具有挑战性的 OKR 将不予通过。

以下是 YouTube 公司级 OKR 分解示例，如图 124-1 所示。

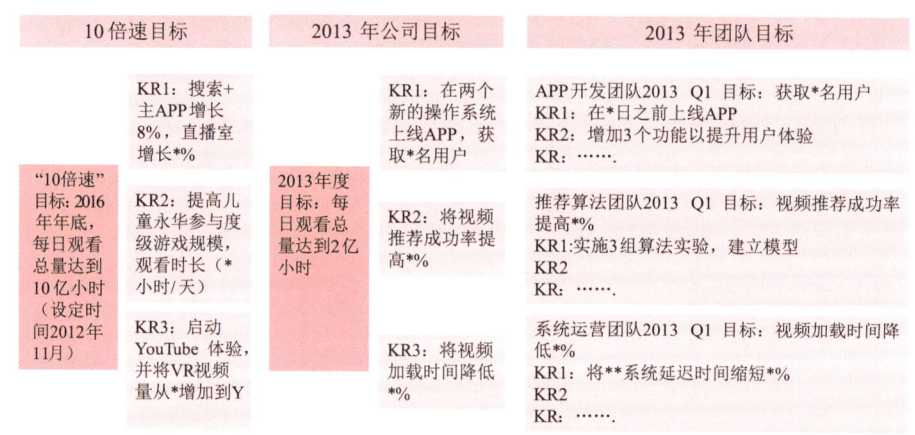

图 124-1　YouTube 公司级 OKR 分解

从上图可以看出，团队级 OKR，仍可分为愿景型与承诺型。以 APP 开发团队为例，获取新用户数量需设定高挑战目标值，即愿景型目标，这样才能促使团队从头思考、探索新的实现路径（即 KR）；团队 KR 落实到小组，就是小组的 O，到小组这一层，很多工作就比较确定了，比如"在×月×日之前上线APP"。对于小组的O，当然也需要设定KR（如代码质量、各项功能指标），但这些都属于"跳一跳够得着"的"屋顶目标"，即承诺型OKR。

对于承诺型OKR，谷歌要求100%达成，如果感到有难度，必须在设定之初就向上级寻求帮助，上级会认真对待：经过研讨，如有必要，可减少其他任务以聚焦于最重要的OKR，或提供更多资源支持。未达成的承诺型OKR必须进行复盘，如果复盘结论是方向正确但执行不力，需要制定改进措施，以确保下个周期圆满达成目标；如果复盘结论是方向选择失误，则需重新审视计划，必要时调整更高层级的目标。

方向选择正确的承诺型OKR是"里程碑"，方向选择失误的承诺型OKR是"探路石"。"探路石"有时比"里程碑"更有价值，前提是：在每一个不确定方向上的探索，都必须穷尽努力。很多组织在分享OKR经验时都会提到"快速假设、快速失败、快速调整"——在实践中被证明无价值的目标应尽快放弃，这也是"敏捷组织"必须具备的能力。但真正做过决策的人都知道要放弃一个目标有多纠结，因为你不确定是这个目标真的没价值，还是你的方法不对，甚至只是你没有尽全力。从某种意义上说，失败也不是一件容易的事，需要不断反馈练习，才能提高我们的判断力、决策力和执行力。

125. 有人没有按时提交OKR，怎么办？

谷歌要求员工每周都要做一个工作小结，通过邮件分享一下这周完成了什么，下周要做些什么，在这周遇到了什么困难，客户提出了什么挑战……并通过每周例会的形式来进行头脑风暴。

在周例会里要注意的是，周例会不要开成批斗大会，如果周例会开完，大家垂头丧气，这是很失败的。周例会应该开成一个鼓舞的大会，开完之后大家要信心十足地去工作，所以周例会的时候要激发员工的敬业度，激发员工的工作激情。

有的管理层喜欢批评员工，在周例会上，做得好的应该鼓励，做得不够好的要一起来想办法，周例会是交流信息的时机，要产生有价值的讨论和解决方案。所以当有人没有按时提交 OKR 时，不应该在周例会上去批斗他，可以在会上询问他需要哪些帮助与支持。

126. 推行 OKR 会遇到什么挑战？——以君润众乐为例

君润众乐企业管理咨询有限公司是一家科技驱动型的人才资源综合解决方案服务商，2021 年，君润众乐开始在公司内推行 OKR。

君润众乐首先要做的是定义公司的使命和价值观，明确了公司推行 OKR 的六大理念，按照 10 倍速增长来确定公司级 OKR，然后定义了君润众乐的 OKR 周期，公司按照月度为周期来推行 OKR。

公司级 OKR 制定出来以后，各个团队创建各自的 OKR。团队目标的设定在帮助实现公司 OKR 的同时能够确保组织内部的协同性和工作重心的一致性。如果两个或多个团队需要密切合作，那么他们会创建跨团队 OKR。在跨团队 OKR 设定后，所有相关团队都将致力于实现他们共同设定的目标。

每个团队都有一个团队级的 OKR。OKR 负责人能够督促团队开展复盘，并帮助团队设定与其他团队共享的 OKR。

OKR 帮助君润众乐公司达成了对组织目标的共识，并帮助组织内部不同团队之间实现了更好的协作。理论上来说，这效果听起来很完美对吧？但实际上，实现这个完美效果有点困难。因为 OKR 框架本身易于理解，但难以应用。君润众乐在推行 OKR 的过程中，也遇到了不少的挑战，具体包括：

（1）如何才能够确保所有的团队都在为整个公司的 OKR 做出贡献？明确团队目标或许是一件易事，但确保团队的工作能够直接促进公司目标的实现，这并不像我们想象的那样容易。

（2）更大的挑战在于如何提出关键结果。如何明确关键结果，使其能够作为成功评判标准，还要使其价值可以测量，在这个问题上，几乎所有的团队都遭遇了困难。

（3）员工在推行 OKR 初期心存疑虑，不愿意设立挑战性的目标，普遍趋向保守。

（4）另外一个挑战听起来微不足道，实际上却至关重要，这个挑战就是需要找时间来确定每个月的 OKR。我们往往忙于完成日常的业务，很难抽出时间对目标设定进行深刻而全面的讨论。但每个团队里的 OKR 负责人在这方面发挥了巨大作用。因此在开始运用 OKR 框架的初期，就指定负责人选并做好前期工作至关重要。

但是，如果不能及时设定 OKR，可能会导致组织内部各个团队之间难以协作。如果拖到新月度开始还没有目标，各个团队也会浪费大量时间争论欠缺考虑的 OKR，这将最终导致组织无法享受 OKR 本应带来的福利。为了帮助团队避免类似问题的出现，OKR 必须严格遵守设定的流程。

最后君润众乐请了专门的顾问来帮助 OKR 实施落地，公司首度推行 OKR 感觉挑战重重、困难很大的，可以效仿这种做法。

127. 如何确保日常工作的有序进行？——以网飞为例

Netflix（Nasdaq NFLX）美国奈飞公司，简称网飞，是一家会员订阅制的流媒体播放平台，总部位于美国加利福尼亚州洛斯盖图。成立于 1997 年，不到 30 年就超越迪斯尼，成为全球第一媒体公司。2021 年是网飞上市的第 19 个年头，它的股价从当初的 1 美元一直涨到了今天的 500 多美元，超过 500 倍的涨幅，而同期的纳斯达克指数涨幅只有 3～4 倍。网飞的成功离不开 OKR。

网飞是如何确保日常工作的有序进行呢？它主要关注如下几个方面。

第一，人才密度。流程和制度的本意是针对那些想偷懒的员工，真正优秀的人才有高度的自驱力，他们并不需要太多外部力量来驱动自己。所以怎么确保没有那么多流程和制度，工作依然会正常运转呢？很简单，只招最优秀的人，提高人才密度。

第二，坦诚沟通。优秀的人聚在一起，可以相互之间学习到很多。但是，如果沟通不坦诚，就会限制他们给出能让对方改进和成长的意见。反过来，一旦所有沟通都直接坦诚，沟通成本就会大幅下降，所以网飞重视内部的沟通渠道，让员工间可以坦诚交流，知无不言，而且把帮助对方成长视为己任。

第三，减少管控。以网飞的创办人和 CEO 里德·哈斯廷斯为代表的领导层将员工手册变薄，差旅、经费支出、休假等相关规定统统可以不要。然后，随着人才密度越来越大，反馈越来越频繁和坦诚，整个组织的审批流程都可以极度简化甚至取消。

128. 如何把场景信息充分向员工沟通？——以网飞为例

首先，网飞有一个向 CEO 汇报的高管团队（E - staff）会议，参与人员是公司最核心的十几个高管人员。公司会以他们为核心，向组织各处扩散传播各种信息。

其次，网飞每季度会举行业务回顾会议，公司上百名总监级以上人员会参加为期两天的会议与晚餐。两天活动有两个目的：第一是就公司发展战略与大家充分沟通，确保所有人朝着同一个大方向工作；第二是就管理中出现的主要问题让大家展开讨论和辩论，并达成一致认识。

最后，CEO 本人也是身先士卒，把大量时间花在和高管们一对一沟通上，确保组织内重要信息可以畅通无阻地传播到最重要的人群。比如，哈斯廷斯每年会保证和公司 500 名总监每人安排一次 30 分钟的一对一会谈，每个季度和公司 100 多名副总裁每人安排一小时的一对一会谈。

以此计算，作为网飞的 CEO 哈斯廷斯每年将自己至少四分之一的时间都花在了和下属的深度沟通上面，真正做到了为下属提供充分的信息。

129. 推进 OKR 在组织中应用的 3 种策略？

策略一：自建团队，标杆试点与全面推进相衔接

对于一些管理经验成熟、组织规模适中、组织文化良好的组织，可以采用自建团队，在充分借鉴国内外相关理论及标杆组织实践的基础上，设计自己组织的 OKR 理论框架，并在此基础上形成推广方案、技术路线、方法论、工具表单等。采用先试点，固化经验，后推广，升级经验的方式，在组织内部全面推广。此种方式最大的风险在于，自行开发的技术、方法论因为个性化基因过于浓重，缺少实践检验、缺少普适性，再考虑到内部人推行内部项目时会受到各种内部人员控制，就容易造成目标缺少竞争性，推进缺少公信力等情况的发生。

策略二：借助外脑，外部教练与内部实战相促进

对一些发展速度比较快，管理扁平化、敏捷性组织来讲，借助外脑，通过聘请专业的咨询机构来推进组织的 OKR 应用也未尝不是一种节约成本、少走弯路、保证效果的最佳选择。

（1）外脑全程参与：第三方机构深度参与组织的调研、对标分析，协助组织（尤其是中小微组织）先达到具备 OKR 实施条件的程度，在此基础上，与组织一起组建 OKR 推动团队，通过理论培训、工具实操演练、标杆部门试点选择、参与目标设定、周期性复盘、改进会议、目标调整等形成完整的闭环。第三方机构与组织共同开发、设计适合本组织的 OKR 推行方案、工具、

模板，并持续跟踪 1 年或以上。该模式是目前最好的一种方式，可以解决组织 OKR 人才短缺的窘境，同时又帮助组织培养了人才、组建了团队、设计了方法论，这种"交钥匙"工程可以实现组织推行 OKR 的短期性与长期性平衡。

（2）外脑局部参与：第三方机构只是阶段性地参与组织 OKR 管理体系的推行，更多地采用理论培训、目标设定会议培训、阶段性复盘等方式，这基本可以满足小微组织的需求，但对于管理复杂度较高、市场相对成熟的中大型组织，则需视组织管理基础谨慎采用。若管理基础较好，相对成熟，可以采用该方式；若基础薄弱，则建议选择外脑全程参与方式。

策略三：线上线下，管理策略与目标执行相平衡

OKR 推行的关键在于执行，在于目标的跟踪、优化调整及阶段回归，人的本性又往往有些惰性，有鉴于此，越来越多的组织采用基于 SAAS（Software – as – a – Service，即软件即服务）、PAAS（Platform – as – a – Service，即平台即服务）的方式，构建 OKR 推行的在线系统，通过线上监控、线下推进的方式，将 OKR 透明化、标准化。通过在线系统，管理层、员工可以相互看到上下级、左右同事的 OKR，将专业化分工与协同合作、个人目标与团队目标紧密地结合在一起，上下齐心，达成目标。

第六篇

OKR 会议管理
——如何开会落实 OKR

　　会议管理是实施 OKR 的重要抓手。OKR 会议包括四种类型：圆桌会议、共识会议、动车会议和复盘会议，分别来解决 OKR 的创建、OKR 的对齐、OKR 的跟进和 OKR 的改善，通过会议来创建多个共同的场景来为 OKR 的推行添砖加瓦。开好这四种类型的会议不容易，需要整个团队持续不断地总结和提升，并且不断创新。

130. OKR 会议包括哪几种？

为了保证 OKR 能够从创建到落地，在组织里面需要定期召开四种类型 OKR 会议。圆桌会议，又称战略解码会议，其主要目的是确定公司或部门年度或者季度的 OKR；共识会议，主要目的是创造一个场景，让跨部门的 OKR 进行对齐，确保大家相互协同；动车会议，又称周跟进例会，动车的每一节车厢都是动力，OKR 的达成是每一位员工共同努力的结果，动车会议主要是维护方向，鼓舞人心，解决问题；复盘会议主要是总结 OKR 实施的成功与失败之处，为了下一轮 OKR 做得更好。具体情况如图 130-1 所示。

图 130-1　四种 OKR 会议

131. OKR 圆桌会议怎么开？

OKR 战略解码会议和传统战略解码会议不同，比如在英特尔，在战略解码会议前没有人知道最后落实的战略是怎样的，有的只是一个讨论和决策的议程。这是一场双向的沟通会议，在会议上沟通的是市场的环境、客户的反馈、产品的情况等，参加的人不仅仅是各个部门的领导，还有关键客户的销售业务人员，甚至市场研究和商业拓展部门的成员。这个会议在英特尔有个特别的名字，叫作"Mapping Day"，它的中文意思是"映射日"，意思就是通过这场会议把战略变成可以执行的计划，并交给各个部门的负责人。这个会议每年都会开，一般是一整天的时间，是业务上最重要的会议之一。所有的部门负责人都会准备好自己的想法和建议，并和公司的想法进行匹配。

通过这个会议，执行层会更好地理解决策层的想法，也会沟通市场、客户和产品的情况，帮助决策层和执行层达成一个协议，这个协议就是各个部门的OKR：目标和关键结果。这种决策过程避免了决策层不切实际"拍脑袋"，但是又把决策层的考虑和想法强加给了执行层；而执行层避免了偏离决策层的大方向，同时又可以把客户和市场的情况提交给决策层。经过战略解码会议，可以确定一个符合实际情况的关键结果，并且让决策层了解执行到最后的结果是什么。

如果你是决策层，通过这样一个会议，你会告诉执行层，为什么你会有这样一个战略方向。你是从哪些市场情况、客户情况和产品情况得出这样的结论的，你也会知道执行层会把你的战略和方向执行到什么程度，会有什么样的关键结果。

如果你是执行层，通过这样一个会议，你看到了决策层的决策过程，可以核对战略确定的基础和事实依据是什么，同时把你面对的市场和产品情况告诉决策层，让决策层了解前线在这个战略方向上可以做到什么，同时校准决策层的期望值。

这样一个会议一般为期一天，可以引入外部的专业引导师来引导大家讨论并得出OKR，会议的结论就是每个部门不同的OKR初稿，这个初稿会在和团队确认以后，上传到专门的服务器，供所有的部门和员工分享，这样大大降低了沟通的成本，每个团队在希望和其他团队或成员合作的时候，都会先去看看别人的OKR是什么。

132. OKR 共识会议怎么开？

共识会议旨在推动各部门、全体员工相互对齐，团结向前，开好共识会需要做好会前准备和会后总结，全员修订各自的 OKR 并提交审核，并进一步对全员公示。共识会议流程如图 132-1 所示。

会议前	会议中	会议后
部门主管或OKR大使工作会评审各部门员工的OKR，对不符合公司标准的OKR进行辅导、改进，确保每个OKR符合FACE-4R原则	员工逐一进行OKR分享： 1. OKR责任人陈述：O的意义与价值、KR陈述、协作要求 2. 协作同事发言 3. 直接上级点评 4. OKR教练点评及建议总结	各员工根据会议内容再次修改自己的OKR，并提交给OKR大使工作会评审，通过后提交OKR委员会批准，最后全员公示

图 132-1　OKR 共识会议流程

会议前：部门主管或 OKR 大使工作会评审各部门员工的 OKR，对不符合公司标准的 OKR 进行辅导、改进，确保每个 OKR 都符合 FACE-4R 原则。

会议中：员工逐一进行 OKR 分享。OKR 责任人陈述：O 的意义与价值、KR 陈述、协作要求；协作同事发言；直接上级点评；OKR 教练点评及建议总结。

会议后：各员工根据会议内容再次修改自己的 OKR，经上级确认后，提交 OKR 大使工作会评审，通过后提交 OKR 委员会批准后，最后全员公示。当然如果公司规模小，整个团队讨论流程还可以简化。

OKR 共识会目标是创造一个场景让跨部门团队能够坐在一起对各自 OKR 进行一次集体共创，探索未来！

133. OKR 季度会议怎么开？

设定 OKR 很难，因为团队需要用这个过程认真审视公司，还要对公司未来一个季度的方向进行艰难的争论与选择。会议的每个环节都需要仔细设计好，才能得到最好的结果，而讨论出来的内容会在接下来的季度内时刻伴随着团队。

参与会议的人数不宜过多，十多个人就够了。季度会议由首席执行官发起，高层管理人员都应该参与。禁止携带手机和电脑，以便让大家快速进入状态并集中注意力。

会议开始的前几天，应向全体员工征询意见，让他们思考公司近期应该聚焦的目标。请务必给他们这样一个窗口——只需要一天的时间就够了。找一个人（专业顾问或者部门经理）收集并总结最受欢迎的建议。

准备 4~5 个小时来开会，2 个小时一个环节，中间留 30 分钟休息。熟练掌握了 OKR 方法后，可以将之合并为一个环节，这样更有利于聚焦。

团队首先要花费半个小时时间去回顾一下公司的使命与战略，还有组织结构、人才和文化氛围。看看这个季度有哪些重要的变化，在过去一个季度 OKR 推进过程中存在哪些问题，哪些是 O 的问题，哪些是 KR 的问题。

然后通过分别思考最乐观、最悲观的结果，回到理性状态：我们的 OKR 是什么？讨论—辩论—争论—做决定，众谋独断，最后由 CEO 来决定公司的终极目标。记住：不建议用投票的模式来决定公司的 O，除非 CEO 也无法做出最后的决策。

讨论完目标，根据团队的状态看是否需要休息。接下来的环节，动员所有的参会高管自由列举他们想到的所有能衡量目标的关键结果。

自由列举是一种设计性思维方法，这个环节需要尽可能多地写下关于某个主题的想法，一个想法用一个便利贴，这样方便删改和调整位置。

这是一种非常高效的头脑风暴，能让团队得出各种各样的想法。如果条件允许，这个环节可以多给团队留出一些时间，你可能会得到更多有趣的想法。

然后把这些想法归类分组，把便利贴有序地组织起来。如果有两个人写了 DAU（Daily Active Users，每日活跃用户），你可以把一个贴在另一个的上方，那么这个指标就有两票了。同样，MAU（Monthly Active Users，每月活跃用户）和 WAU（Weekly Active Users，每周活跃用户）都是用户活跃度指标，你可以把它们放在一起。这样就可以选出这个类型最合适的指标了。

开始时可以先用未知数 X 代替关键结果，比如"X 收入""X 需求量""X DAU"。一开始讨论衡量什么比较容易，然后再讨论具体的值是多少。特别是当目标看起来非常难的时候，更有必要集中讨论具体的值。

下一步，给每个关键结果设置具体的目标值，确保 OKR 都是有挑战的目标，团队应该有 50% 的信心能完成它。还要相互审视彼此的目标：有人故意放水设置较低的目标吗？有人不愿意挑战吗？有人过于鲁莽设置了不可能完成的目标吗？如有异议现在就开始争论，而不是在季度中途争论。

最后，用 5 分钟来确认最终的 OKR：这是让人备受鼓舞并有灵感的目标吗？设置的关键结果有意义吗？它们很难实现吗？团队能和 OKR 一起顺利度过这个季度吗？它们符合 FACE–4R 原则吗？

如果 OKR 有多个，我们可以尝试用减法，一直减到大家都认为不能再减了，然后公示给全员，昭告天下！

134. OKR 动车会议怎么开？

动车会议，就是周跟进例会，每周召开一次。周例会的核心目标是展现成果、聚焦问题、推动解决。一般建议周例会在周一上午召开，主要围绕这四个方面来展开：

本周关注的任务：列出 3~4 件最重要的事情，只有本周完成了这几件事情，团队的目标才能向前推进；明确这些事情的优先级。

未来 2~4 周的计划：有哪些事情需要其他团队成员做好准备或支持，都列在这个象限里。

OKR 当前的状态：回顾各项 OKR 的进展情况，对信心指数进行评估，如果团队成员信心指数在下降或者跳跃提升，需要讨论原因。

状态指标：挑出 2~3 个可能影响目标达成的风险因素，团队需要额外关注，比如某个大客户丢失、供应商供货变化、疫情等，提前准备预案，确保 OKR 实现不受影响。

四个方面可以在 4 个分区列出，如图 134-1 所示。

本周关注的任务	OKR当前的状态
P1：和TLM Foods签订合约 P1：完成订单系统的需求文档 P1：三个销售候选人的面试 P2：完成客服的岗位描述	O：向餐厅供应商证明我们所提供的优质茶叶的价值 KR1：客户重复订购率85%（5/10） KR2：20%的重复订购客户能自助完成重复订购（5/10） KR3：完成25万美元的交易额（5/10）
未来四周的计划	状态指标
提升客户重复订购率 优化订单系统 餐厅供应商的售茶指标 招聘售前人员	团队努力的方向一致 餐厅供应商的满意度

图 134-1　动车会议四大议题（举例）

135. OKR 复盘会议怎么开？

复盘会议旨在在周期结束后对 OKR 进行评价及根本原因分析。

第一步：评审目标。当初的目的（或期望的结果）是什么；要达成的目标和里程碑是什么。确定目的之外，最好同时确定可量化的目标或有里程碑性质的标志；如果事前所定目标不清晰，复盘时则要追补清晰，便于对照，同时提高下次定目标的准确度。

第二步：评估结果。给每一个 OKR 进行 0~1 评价。营造实事求是的氛围，坦诚而深入地研讨，不指责、抱怨和撇清责任等；回顾过去，重现当时的情境，厘清过去实际发生了哪些关键事件以及它们是如何发生的；找出成功之处（亮点）和可提升之处（不足）。这其实是在定义问题，更便于复盘的推进。

第三步：分析原因。找出成功关键因素（主观的和客观的）、失败根本原因（主观的和客观的）。对成功的剖析和对不足的分析同样重要；分析成功因素时，多想想客观因素；分析失败原因时，多深挖主观因素，包括检视是否是因目的、目标设定明显有误才导致的失败。

136. "六顶帽子"怎么用在 OKR 会议中？

当 OKR 的一个循环结束之后，新的循环马上就开始了，可以说是无缝衔接。全公司对下一季度的 OKR 开展头脑风暴，开启新一轮的对话步骤。为了让对话更加有效果，"六顶帽子"思考法是个很好的工具，可以快速地帮助团队形成目标和关键结果的共识。

"六顶思考帽"是创新思维学之父爱德华·德·博诺博士开发的一种思维训练模式，或者说是一个全面思考问题的模型。它提供了"平行思维"的工具，避免将时间浪费在互相争执上。强调的是"能够成为什么"，而非"本身是什么"，是寻求一条向前发展的路，而不是争论谁对谁错。运用这"六顶思考帽"，将会使混乱的思考变得更清晰，使团体中无意义的争论变成集思广益的创造，使每个人变得富有创造性。

"六顶思考帽"，是指使用六种不同颜色的帽子代表六种不同的思维模式。

任何人都有能力使用以下六种基本思维模式：

白色思考帽：白色是中立而客观的。戴上白色思考帽，人们关注的是客观的事实和数据。

绿色思考帽：绿色代表茵茵芳草，象征勃勃生机。绿色思考帽寓意创造力和想象力。戴上绿色思考帽，要具有创造性思维、头脑风暴、求异思维等。

黄色思考帽：黄色代表价值与肯定。戴上黄色思考帽，人们从正面考虑问题，表达乐观的、满怀希望的、建设性的观点。

黑色思考帽：黑色代表审慎和否认。戴上黑色思考帽，人们可以运用否定、怀疑、质疑的眼光，合乎逻辑地进行批判，尽情发表负面的意见，找出逻辑上的错误。

红色思考帽：红色是属于情感的色彩。戴上红色思考帽，人们可以尽情表达自己的情绪，人们还可以表达直觉、感受、预感等方面的看法。

蓝色思考帽：蓝色思考帽负责控制和调节思维过程。负责控制各种思考帽的使用顺序，规划和管理整个思考过程，并负责做出结论。

下面是一个"六项思考帽"在OKR圆桌会议中的典型的应用步骤：

（1）陈述年度OKR和上个周期公司OKR的现状和遇到的挑战（白帽）；

（2）提出的下个周期的OKR（绿帽），不必拘泥，畅所欲言；

（3）评估每一个OKR的优点（黄帽）；

（4）列举每一个OKR的缺点（黑帽）；

（5）对每一个OKR进行直觉判断，确定优先级排序（红帽）；

（6）总结陈述，做出决策（蓝帽）。

通过"六项思考帽"的方法可以使整个会议更加高效，并且让每一位与会的同事更好地思考和参与到整个公司或者团队OKR的制定中来。

137. OKR 庆功会必须举办吗？

将目标设置得很高远的团队经常会失败。虽然目标高远是一件好事，但未完成目标，而且也看不到自己到底走了多远，却是一件令人沮丧的事情。这也是为什么周五的庆祝环节是如此重要。

在每周一次的 OKR 庆功会上，所有团队会竭尽所能地展示自己。工程师会展示他们新开发的代码，设计师会展示设计图，销售可以分享他们拿下了哪个客户，客户服务团队可以分享他们帮助的那些客户。这样做有几方面好处：

（1）团队成员能感觉到自己是某个非常棒的"赢团队"的一员；

（2）团队开始关注每次需要分享什么内容，然后开始为此而努力；

（3）公司能关注到每个团队以及团队成员的士气和氛围。

庆功会是 OKR 执行中非常重要的环节。当有任何一个实质性的成果实现时，都应该举办庆功会，员工在庆功会上可以分享 KR 成果以及成功的经验，从而激发大家敢于挑战、不断创新。OKR 庆功会可以准备一些饮料、水果，如果有重大的突破，可以来点酒水，干杯！

第七篇

OKR 与绩效考核

OKR 不是绩效管理，但公司不能没有绩效考核！有效的绩效考核，也就是价值评价体系的设计，对于 OKR 的实施起到至关重要的作用。OKR 专注于价值创造，其有效产出应作为绩效考核的一个关键输入。在透明的 OKR 体系里，通过自评、同行评议、上级初评和公司校准等机制，同时兼顾考量精力和潜力等维度。另外，"不要让雷锋吃亏"，为公司创造了巨大价值的员工需要被认可，并且给予最高的激励，按价值付薪这是基本原则，也是公司发展的持续动力。因此，我们的绩效考核不能盯住指标，而是盯住价值创造。还要持续地进行绩效辅导，CFR（沟通、反馈、认可）是推动 OKR 发挥巨大价值的伴侣。

138. 为什么要激发内在动机？

心理学家爱德华·德西等将不由外部力量驱使，根植于人内心的自然需求，称为内在动机。德西指出，人的自然需求包括：自主需求（Autonomy），希望对自己所做的事有选择自由，而非被迫；胜任感（Competence），希望自己能掌控环境，胜任工作；趣味性（Interesting），事情本身要充满乐趣、好玩。这几种自然需求构成了内在动机的核心要素，驱动着人不停地探索未知世界，展现出无穷的创造性。

（1）内在动机有利于激发个体的创造性：由内在动机驱动的人，其创造性强于由外在动机驱动的人。事实上，外在激励会削弱人们的内在动机。

（2）内在动机能很好地激发个体更深层地理解事物的本质：心理学家做过一个实验，让两组学生学习多篇文章，然后让他们进行复述，同时告诉其中一组学生，他们每复述一篇文章会得到1美元。实验结果表明，有金钱激励组的学生记忆的内容要多于没有金钱激励组的学生，但他们对文章理解的深度远不如没有金钱激励组的学生。这充分说明：外在激励可以增强机械记忆，却减弱了他们对事物本质的追求。

（3）内在动机能让人更有恒心和毅力：基于内在动机工作的员工，在一项工作上坚持的时间会更长；与之相反，基于外在激励工作的员工，当外在激励存在时，他们工作很努力，一旦外在激励撤销，员工的工作兴趣会立马减退。

（4）内在动机能激发个体的挑战意识：研究表明，当工作是员工自主选择时，员工的承诺意识更强，也更愿意选择有挑战性的任务去挑战自我。心理学家为此也做过一个实验，让两组学生去选择不同难度的任务去完成，并给其中一组学生一定额度的金钱激励。实验结果表明，金钱激励组的学生更倾向于选择容易的任务去完成，而没有金钱激励组的学生则更倾向于选择超出他们当前能力的任务去挑战自我。

（5）内在动机能增强个体的幸福感：舒尔茨通过一个研究发现，处于内在动机驱动状态下的人，患疾病的概率更低，死亡率也更低。

综合起来，内在动机让人们跟随兴趣、自主选择并积极地去挑战自我，因而从长远来看，他们更富有创造性，更有毅力，能取得更大的成就，身心也更健康。

139. 哪些因素影响内在动机发挥作用？

（1）外在激励会削弱内在动机。爱德华·德西在《内在动机》一书中用大量研究事实证明了这一点。在其中一项研究中，他把"索玛立方（一种较复杂的立方体拼图）"难题交给两个单独的小组完成，并在附近摆放了一些杂志。

第 1 组为参与组员提供现金奖励；第 2 组无现金奖励，只是告诉组员，他想观察他们如何解决这一难题。一段时间以后，德西博士告诉每个小组，测试已经结束，他将在 10 分钟内回来做调查。事实上，他在各组不知情的情况下继续进行观察，结果是有现金奖励的参与者更有可能放下拼图，开始阅读杂志，而没有奖励的参与者则更有可能继续尝试解决难题。这项研究表明：外在激励会削弱人们的内在感知，把一件本来很有趣的事变成了一件为了获得外在激励而不得不做的事，因而，当外在激励撤销时，事情本身对他们也就毫无吸引力了。

（2）控制会削弱内在动机。心理学家做过一个实验，让学生分别绘制两组图画：

对第 1 组（实验组），如果参与者完成了第 1 组中的 2 幅图画，他们就有资格绘制第 2 组中的图画；

对第 2 组（控制组），则简单地将两组图画按顺序分发给参与者，让他们自主选择绘制。

几星期后，心理学家发现，第 1 组（实验组）参与者中，还愿意花时间绘制图画的人明显多于第 2 组（控制组）。

这个实验说明，控制本身会削弱个体的内在动机。心理学家还发现，如果人们一直处于被"剥夺自主"状态，久而久之，他们恢复自主的动机也会慢慢减弱，然后逐渐处于一种麻木的"无动机"状态。所以，对那些长期处于管制状态下的人们，即使给他们自主权，也很难在短时间内重新点燃他们的内在激情。

（3）正向反馈促进内在动机。正向反馈是指诸如表扬、肯定、认可一类的反馈，它有别于批评、指责这类负向反馈。前文已经说过，内在动机的另一核心要素是胜任感，正向反馈有利于增强个体胜任感，从而促进内在动机。

140. 传统组织绩效管理框架"四部曲"及其缺陷是什么？

传统组织的绩效管理，基本遵循着目标制定、绩效执行、绩效评价和绩效应用的"四部曲"。这套传统绩效管理"四部曲"环环相扣，始于目标制定，终于绩效应用，上一步骤的输出是下一步骤的输入。也就是说，员工制定一个绩效目标，并确定目标实现和绩效应用之间明确的关系，严格地、不打折扣地执行，然后在绩效评价时，需要评估员工当初制定的目标完成了多少，据此打出员工的绩效结果分数，然后将该绩效结果应用于员工的升职、加薪、股票等物质回报，并对评价结果特别不好的员工实施末位淘汰处理，如图 140-1 所示。

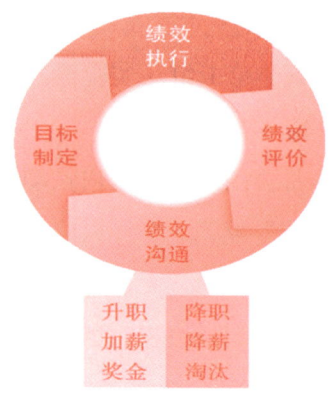

图 140-1 传统绩效管理"四部曲"

由此可以看出,这是一套"胡萝卜加大棒"式的绩效管理方法,本质上受后端的物质激励和惩罚(淘汰)所驱动,这直接导致员工在设定工作目标时,会刻意压低自己所能达到的目标水平,不愿意设定有挑战的目标,然后在绩效评价时,又刻意地夸大自己的成果表现,意图给主管留下自己超预期达成了原定目标的印象。

141. OKR 与绩效评价之间的关系是什么?

OKR 将目标管理和绩效评价分离开来。目标管理专注于目标的设定、达成及反馈,而绩效评价环节专注于对所做贡献的公平回报,也就是说,OKR 将传统的绩效管理铁桶一般的"四部曲"拆解成了上半环和下半环两个半环,如图 141-1 所示。上半环专注于价值创造,下半环聚焦于公正的价值分配。这看似是一个小小的变化,却恰是绩效管理领域的一大步,它将绩效管理成功从管理革命时代推进到了知识革命时代。

第七篇 OKR 与绩效考核

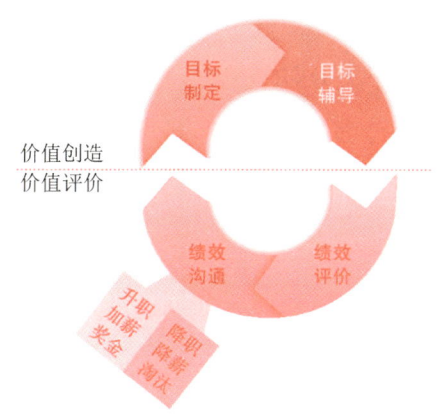

图 141-1 绩效管理"四部曲"与"两半环"

OKR 模式下，绩效评价无须看当初目标的完成率，而只关注最终绩效贡献的大小。也许员工在制定目标时制定了一个特别具有挑战性的 OKR，比如：2018 年销售收入较上一年翻番，而实际上在 OKR 评价时，判定 OKR 完成度为 70%，未能完成销售收入翻番，但在团队中的贡献也是数一数二的，那么员工的最终绩效评定结果仍然可以是卓越。

142. OKR 与绩效管理的目标制定方式有哪些不同？

传统绩效管理方法在制定目标时，更多地强调目标需要自上而下层层分解。关于这一点，有很多这样的描述，诸如"高层看战略，基层看执行""高层要有使命感，中层要有危机感，基层要有饥饿感""高层用脑，基层用手"等。

似乎思考是高层的事，基层无须思考，只需要按照高层的指示去执行即可。也正因如此，部分组织在应用 OKR 时，把 OKR 用成了另外一种自上而下任务分解的工具，然后发现 OKR 和传统绩效管理工具并无不同。

实际上，OKR 更强调自下而上的目标制定，即让员工充分发挥其主动性，帮助组织一起寻找突破方向，共同制定组织 OKR，然后再思考自己能为这个组织目标做些什么，制定个人 OKR。从组织目标制定到个人目标制定，整个目标制定过程员工都要充分参与。员工不是仅仅被告知组织目标，而是在一起"打造"属于他们共同的组织的未来。这能增强员工对组织目标和个人目标的承诺感，从"要我做"变成"我要做"，从"被动执行"变成"主动参与"。当员工觉得目标是自己的目标，而不是被强加的目标时，其内心的热情才会被点燃。

143. OKR 与绩效管理目标公开方式有哪些不同？

传统绩效管理假定目标是上级和下属之间的约定和承诺，因此只需要主管和员工双方知晓即可。也就是说，传统绩效管理模式下，目标只在主管和员工之间可见。但 OKR 则全然不同，员工制定的 OKR 默认是全公司可见的，公司内任何一个员工，都可以随时查阅其他成员的 OKR，如图 143-1 所示。

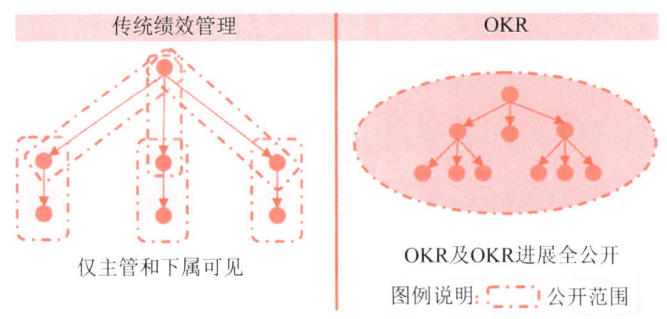

图 143-1　传统绩效管理与 OKR 目标公开方式

其次，传统绩效管理模式下，信息是自上而下单向流动的，主管能看到下属的目标，但通常下属无法看到主管的目标。这种设计更像是为了达成某种监控目的。主管可以随时跟踪下属的目标完成情况，并据此作为考核下属的依据。但很多时候，下属却并不了解自己工作对组织的价值和意义，自己被框定在具体的任务执行上，更像是在"搬砖"，而看不到"心中的教堂"。当 OKR 默认公开全员的目标后，员工除了可以横向看到自己同事的目标，还能看到更上层组织的目标。这样，一方面员工能清晰地感知到自己工作对组织的价值；另一方面，这也打开了员工的目标视野，对那些主动性和积极性比较高的员工而言，在完成本职工作后，他们可以思考如何更好地为更上层组织做出更大贡献。

144. OKR 和绩效管理辅导方式有哪些不同？

在传统绩效管理模式下，绩效辅导似乎是主管的特权：主管提供绩效辅导，下属被动接受主管辅导。也因此，很多员工反馈说，绩效辅导像是在例行公事，十分无趣。主管把下属叫到一个小屋子里，关上门，时而语重心长，时而谈笑风生。在这整个过程中，由于地位的不对等以及信息的不对称，下属只得被动接受，这实际上算不上是沟通，沟通是信息的双向流通，这顶多只能算作是信息的上传下达。而对于主管而言，这或许就是公司要求的不得不做的一次例行公事。这种局面让很多组织的绩效辅导最后只是走走过场，并无实质效果。也正是因为这样的原因，很多组织干脆就认为绩效辅导没用处。

OKR 倡导开放平等的氛围。目标是全员公开的，所有成员都能看到其他人的目标，以及目标的推进情况。因此，每个人都可以对他人的目标完成情况进行点赞和评论。"三人行，必有我师"，其他人的评论和意见对被评论人而言，就是一种非正式的辅导。如果你把 OKR 当作是员工发布的一个帖子，那么其他人就像是在逛论坛一样，可以随时对员工的这条帖子进行回帖操作。这种社交化辅导不仅拓展了辅导的广度，也增强了辅导的趣味性，寓教于乐。

传统模式下的绩效辅导和 OKR 模式下的绩效辅导区别如图 144-1 所示。

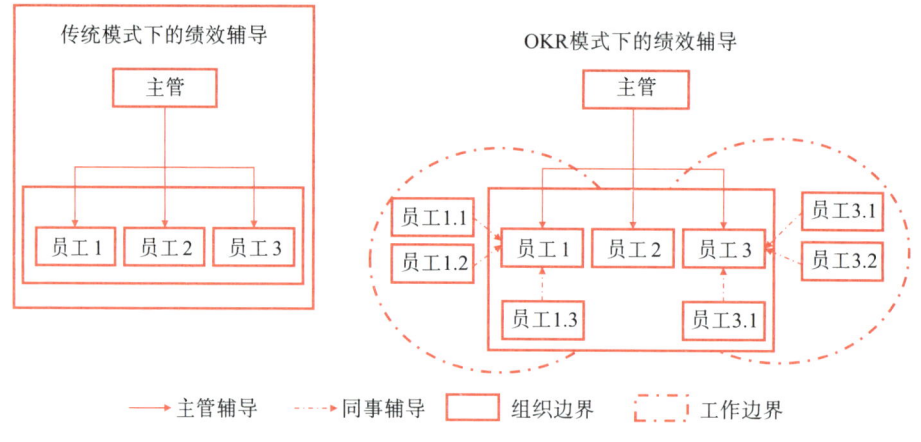

图 144-1 传统绩效辅导和 OKR 的绩效辅导

145. 为什么 OKR 要与组织或个人的绩效脱钩？

OKR 必须是具有野心的、挑战性的，是用来把人们带出舒适区的，因此失败是不可避免的。比如在谷歌，就有两个"OKR 篮子"，一类是承诺型目标，必须在给定时间内完成；一类是愿景型目标，完成率在 70% 左右就算很优秀了。

谷歌、字节跳动、华为等公司设定的 OKR，跟职务升迁、年终奖多少无关。这是 OKR 和 KPI 另一个非常关键的区别，它不是用来给每个人按指标行赏的，而是用来给每个人确定前进节奏的。只有这样，员工才能没有后顾之忧地去追求挑战性的关键结果。不过，尽管 OKR 只是一个指引，不是成绩，但由于有的人对自己会过于严格，而有的人对自己又过于宽松，所以制定之后，通过团队间的相互对齐，来持续推动 OKR 的一致性，适当时候还需要团队领导来进行沟通辅导。

对于大多数公司来讲，虽然深刻理解 KPI 带来的问题和挑战，但真正放弃绩效考核的 KPI，大家还是不能放心——如果没有了绩效驱动，大家的动力在哪？管理抓手在哪？记住OKR解决的是目标管理，并不是不要绩效考核，而是将OKR与组织和个人的绩效考核脱钩。

146. 不做绩效考核，如何评估员工的工作成效？

OKR与绩效考核是分开的，OKR聚于价值创造，而绩效考核聚焦于价值评价，两者是解耦的，但是员工OKR的成果可以成为绩效考核的输入。OKR是与绩效考核脱钩的，但并不代表公司不去做绩效考核。执行OKR的组织，可以这样来做绩效考核：

第一步：自评。回顾上两个季度OKR达成情况，基于实际贡献自我评价。共5个绩效档级：需要改进（Needs Improvement）、持续达到期望（Consistently Meet Expectations）、超过期望（Exceeds Expectations）、大幅超过期望（Strongly Exceeds Expectations）、杰出（Superb）。OKR达成率不直接作为绩效结果，如果你的达成率不高，但属于愿景型OKR或高价值"探路石"，你仍可自评为"超过期望"甚至"杰出"。

第二步：协同反馈。明确列举自己在哪项工作中对哪些协同部门/岗位做出了哪些贡献，邀请相关同事评价。谷歌评价系统对邀请备注的字数做了限制，最多29个单词。这一规则的设计思路是：如果你不能在29个单词之内向某位同事说清楚你的贡献，就说明这位同事不了解你做了什么，或者没有感受到你的价值。协同反馈越多，说明你的贡献越大。

第三步：上级初评。上级综合考量每位团队成员的OKR价值和达成情况、自评结果、协同反馈结果以及外部环境的"好运气"或"坏运气"，进行初步评级。谷歌不要求评级在团队内做强制分布，如果认为团队中的每个人都表现出色，可以都评为"超过期望"及以上，反之亦然。

第四步：绩效校准。工作内容相似的团队共同进行绩效校准，如：5～10个相似团队的主管，将这些团队中全部50～1000位员工的OKR达成情况、自评结果、协同反馈结果、上级初评结果汇总对比，统一各级标准并确立标杆（公认的杰出/超过期望是什么标准？符合每档标准的典型员工有哪些？），然后根据统一后的标准和标杆，将全部员工排序到相应档级。校准后的结果即为最终结果。

147. 管理者和员工如何沟通绩效？

在针对绩效考核与相关员工开始沟通之前，需要做一些准备，具体来说，管理者应该考虑以下几点：

（1）在此期间，员工的主要目标和责任是什么？

（2）员工表现如何？

（3）如果有员工表现不佳，他该如何改正？

（4）如果员工表现良好或超出预期，我能做些什么使其在不倦怠的情况下保持高绩效？

（5）什么时候员工最投入？

（6）什么时候员工最不投入？

（7）员工给工作带来了什么优势？

（8）哪些类型的学习经验可能会让员工有所收获？

（9）在接下来的1~3个月里，员工的关注点应该是什么？

（10）如何最大化当前角色的贡献？

（11）怎样帮助他为下一个机会做准备？——无论是一个新的项目，是一个拓展性的任务，还是一个新角色。

每一个员工在跟上级领导进行沟通前，都需要问自己几个问题：

（1）我的目标实现了吗？

（2）我是否发现了机会？

（3）我是否理解自己的工作与更大的里程碑之间的联系？

（4）我能给我的管理者反馈什么？

148. OKR 与绩效考核之间的关系如何？

所有组织的人力资源活动都围绕价值创造——价值评价——价值分配这条价值链展开，如图 148-1 所示。OKR 就是在充分调动员工积极性基础上进行价值创造，OKR 与价值评价解耦，和绩效考核脱钩。也就是说，团队和员工在设定 OKR 时，聚焦的是如何把事情做好，而不是时刻考虑着做好后的回报，回报应该是事情做好后自然会发生的事。

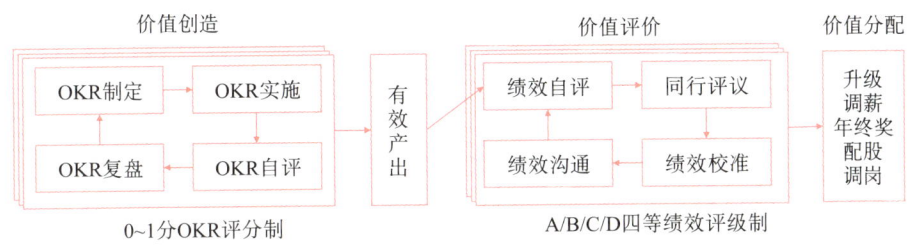

图 148-1　人力资源活动价值链

究竟是把回报当成追求的目标，还是把取得好的成果当成追求的目标，这就把人分成了外在动机和内在动机两个阵营。正是为了避免过分物质化，OKR 强调目标完成率同绩效评价解耦，做事时聚焦做事，眼睛盯着事，内心要有不计回报的魄力，不要被物质回报遮住了双眼、捆绑住了手脚，尽管放手去做，在广阔的天地中尽情发挥，为公司创造更大的价值。

OKR 聚焦价值创造，而绩效聚焦价值评价，OKR 的有效产出作为绩效评价的输入，通过员工自评、同行评议、上级初评和管理团队校准，层层的机制保证了员工的价值创造和价值评价的一致性。

149. 实施了 OKR 之后还需要绩效考核吗?

实施了 OKR 之后,还需要绩效考核吗?需要!

OKR 就是 OKR,不影响员工的任何绩效结果,它是一套完全独立的目标管理体系,对员工只有正向的鼓励作用。而绩效考核就是独立的绩效考核,你完全可以让员工如实来反馈那些日常的工作重点,完全根据结果来评定绩效结果。当然,在做绩效考核的时候,你可以将员工的 OKR 的结果作为有效产出输入,这样能帮助你更全面地了解他的工作。

当你制定了一个十分挑战的 OKR,并且也达成得不错,形成了实实在在的有效产出后,这个有效产出就是你绩效评价的重要输入。换句话说,OKR 同绩效评价之间通过"有效产出"这一中间变量发生关联,OKR 的有效产出是绩效评价的有效输入。在绩效评价时,你无须列出每一 OKR 的得分,而是明确列举你为公司做出了哪些价值和贡献,也明确列举自己在哪项工作中对哪些协同部门/岗位做出了哪些贡献,并邀请相关同事评价。完成同行评价之后,直接上级进行评价,管理团队将在一定范围内集中审视所有人的贡献,基于贡献的相对大小进行排序,最终定出员工的绩效等级(如 A/B+/B/C/D)。记住:我们的目的是持续不断地提高公司高绩效人才密度,而不是绩效强制分布。

绩效评价会直接影响员工的晋升、奖金、股票授予等物质回报,这体现的是对员工劳动付出的一种认可。也就是说,价值评价同价值分配之间通常是一种直接关联关系。但要切记的是,绩效评价结果不应该是价值分配的唯一输入,一旦将绩效评价结果作为价值分配的唯一输入,就会带来类似索尼那样的绩效主义现象。物质激励应该综合考虑诸如绩效评价结果、员工潜能、价值观践行等方面的因素。

150. 实施了 OKR 之后，KPI 怎么办？

KPI（Key Performance Indicator，即关键绩效指标）起源于工业革命时代，发展于生产力革命时代，壮大于管理革命时代，知识从作用于工作到作用于知识本身。这些科学管理理念的背后，是整个绩效主义的时代，公司把人工具化，组织和人的关系是雇佣和被雇佣。职业成为人的既定轨迹，人的需求和能力被抑制和裹挟，没有得到充分释放。在管理革命下，个体崛起，追求自我实现，工作和职业是手段而不是目的，组织为人而服务，成为赋能于人的平台，OKR 开始发芽，并不断成长，当人类步入知识革命时代，自组织越来越成为主流，组织和人融合一体，组织和人不再是雇佣和被雇佣关系，而变成了合伙关系，共同服务于知识创造。

OKR 最具鲜明的特点是：不是绩效考核的工具，OKR 的分数不与绩效挂钩，也就不能作为绩效奖金的依据。只有剪断了与绩效考核的直接关联性，才能使得 OKR 的目标不受绩效考核的约束，可以自由飞翔，从而能够变得更具有野心，这是革命性的变化。

OKR 作为单独的目标管理模块独立存在，整个公司的运营体系需要做出调整，包括绩效管理、薪酬管理等。因此，当实施了 OKR 之后，应当逐步退出 KPI 管理。特别注意的是，对同一个人或者部门，最好不要同时用 OKR 和 KPI 进行管理。

151. 校准会议对绩效评价有何意义？

谷歌现在用的绩效考评体系是五级考评，从低级到高级依次是：需要改进、一贯符合预期、超过预期、超过预期很多、杰出。谷歌的五级考评中，考评等级最低档是需要改进，其余四个档次都是表现比较好的，而且考评级别不是强制分布的。考评体系主要倾向于激励、鼓励员工。

当经理对员工的五级评估确定之后，每个经理需要把自己考核的结果，送到一个会议上，这个会议叫校准会议。谷歌绩效校准会议通常是几个经理坐在一起，向老板阐述给员工不同评估等级的原因，员工杰出的地方是哪里、优秀的事情有哪些。A 经理对下属某员工的评估等级进行阐述后，其他经理需要给反馈，表明同意与否并说明理由。作为经理不仅需要向上司也需要向他同级的经理说明他对员工的评估等级及原因。

通过绩效校准会议，确保所有经理打的分数都进行了一个横向的比较，从而做到公平公正。

校准会议让结果更公正、员工更放心。不仅解决了经理们评价标准宽严不一的问题（即有些经理评价普遍偏高，有些则普遍偏低），更能避免员工遭受不公正对待，如果某位优秀员工因直接上级的偏见，只得到了"达到期望"的评级，统一的宽严修正可能让他的评级仅调整为"超过期望"，绩效校准则可能让他的评级调整至"大幅超过期望"或"杰出"。因为有校准机制，谷歌人不用担心"命运被掌控在某一个人手中"，相信自己的价值一定会被看到。

让管理者全面认识并改进自己的工作，评价只是手段，激励才是目的。在校准会议上，主管们会重点关注普遍优秀与普遍平庸团队之间的差异，以及异常的绩效波动，讨论造成这些差异和波动的原因、成功经验与失败教训。正是这些讨论，而不是评级结果，推动了下一周期更具挑战的目标实现。

152. OKR 和绩效评价怎么一起发挥作用？

有一些技巧可以使 OKR 与绩效评价一起发挥作用。

（1）将两个过程分开：不要将 OKR 和绩效评估紧密结合在一起，而应将它们尽可能地分开。OKR 周期和薪资审查周期应该有不同的节奏。拉斯洛·博克在他的《工作规则》一书中建议，OKR 审核和绩效审核之间至少留出 1 个月的差距。通过这种差距，你可以让你的员工在 OKR 会议期间专注于发展、贡献和协作，而不必担心薪水和职位问题。

（2）将 OKR 用作绩效评估的输入之一：将 OKR 的有效产出作为绩效评估的输入，而不是将 OKR 的评价作为绩效评估的输入。此外，你应该在员工绩效评估期间考虑 OKR 的运行情况，但仅将其作为评估绩效的来源之一。

（3）避免使用公式：没有哪一个公式可以完整考虑到决定每个团队成员贡献的所有因素。而且，即使你可以创建这样的方法，在几个月后它也会过时。不要浪费时间和精力来尝试开发这样的公式，而要更多地依靠同事和经理的反馈来评估绩效。

（4）接受效果评估不可能绝对客观：诸如 Salary = f（工资基数 * 已实现目标的百分比）的公式看似客观，但实际上并非如此。这取决于对原始目标设定的科学性，还取决于员工降低目标的谈判技巧。总体而言，创建绝对客观的绩效评估流程几乎是不可能的，它或多或少都受主观因素影响，接受吧。你只能尽量使绩效评估的过程更加透明化，没有员工看不到的隐藏的角落，这将使你的团队建立起信任，使员工觉得该过程更加公正和值得信赖。

153. CFR 是什么？为什么需要 CFR？

CFR 指的是对话（Conversation）、反馈（Feedback）、认可（Recognition），可以采用 CFR 来保障 OKR 得到持续跟进，通过 CFR 机制，针对组织和个人 OKR，可以形成快速的反馈循环，持续改进、不断优化组织结构和资源配置，帮助组织实现关键结果，并最终实现目标。

为了更好地让 OKR 落地，通过 CFR 对话、反馈、认可的一套机制（当然每个公司也可以根据自己不同的特点设计一套适合自己的机制）组织能够持续进行目标管理、实现目标，并且培养一批敢于挑战、不惧困难的优秀管理干部和骨干。

OKR 聚焦在目标与关键结果，在目标和关键结果实现的过程中需要更加频繁地沟通、反馈和认可，于是强调互动、认可的 CFR 水到渠成地加入了 OKR 的家庭。CFR 的持续性，更多强调过程与结果的统一，而非单纯是目标和结果。CFR 也更有利于 OKR 的评价与考核、薪酬分开，将注意力聚焦在目标和结果达成上。

154. 如何进行持续性 CFR？

为了在问题变成真正的问题之前解决它，并为陷入困境的员工提供所需的支持，需要将年度绩效管理转为 CFR，并伴随 OKR 的全过程。

（1）持续改进 CFR 是相互交织的两个过程：第一过程是设定和执行 OKR；第二过程是定期和持续沟通、反馈与认可，并根据需求不断进行调整。

（2）把前瞻性的 OKR 与事后反馈的年度评价区分开来，有助于实现那些野心勃勃的目标，不能将目标达成与奖金支票简单直接地等同起来。

（3）用透明的、基于强度的、多维度的绩效评估取代竞争性评级和员工排名。多考虑员工的团队合作能力、沟通情况和目标设定的挑战性。

（4）依靠内在动机来激励员工，而非单纯的财务激励，如提供有挑战的工作和成长机会、得到同行的认可，这些激励的作用将更为强大。

（5）为了强化积极的商业价值，在制定结构性目标的同时，加强贯彻实施 CFR 计划。透明的 OKR 使得指导变得更加具体而有效。持续的 CFR 计划保证每天的工作准时完成，并促进员工之间的真诚合作。

（6）采用多种方式进行反馈，包括临时性的反馈，多方向的、不受组织架构约束的反馈及使用匿名"动向"调查，对专项工作或员工士气进行实时反馈。

（7）在跨职能的 OKR 中，利用好的 OKR 系统，可以通过点对点的反馈，加强团队与部门之间的联系。

155. CFR 的价值是什么？

CFR 和 OKR 结合在一起，通过对员工持续的 CFR 来推动 OKR 达成，实现员工的成长。CFR 应该在 OKR 周期内发生，并且应该在 1∶1 的时间内发生，并在 OKR 周期内随时进行。对话最好是面对面的或通过视频会议服务进行的，而不是在微信上或通过电话进行的，内容应包括目标设定、反思和进度更新。CFR 应该具体且具有建设性，这是员工向主管沟通的机会，比如要取得成功，你需要我提供什么？现在我又需要你提供什么？

在实施 OKR 成功的组织里，CFR 取代了过时的年度绩效审查，成为目标管理中关键组成部分，不仅仅帮助达成目标，更多地帮助员工成长，助其承担更大、更具有挑战性的 OKR。无论哪种情况，显而易见的是，通过 OKR 软件将及时在一个任务回顾或者 OKR 回顾、评价中给予反馈，消除了当前年度审核中的许多偏差。

156. 如何保障薪酬不受当前岗位或暂时失败的影响？

如果不同级别的员工做出了相同的贡献，创造了相同的价值，或者在挑战高难度目标时遭遇了暂时的失败，该如何分配薪酬和奖金？

谷歌的具体做法包括：奖金和股票分配，取决于贡献的价值，不受既定岗位级别和基本薪资限制。

如果几位工作内容相似的员工的绩效结果相同，但岗位级别、基本薪资不同，有些组织的做法是：将每位员工的基本薪资作为奖金基数。而谷歌的做法是：取这几位员工基本薪资的中位数作为奖金基数。

这基于谷歌的两个观点：一是优秀的知识型员工，成长速度远远高于岗位既定薪酬涨幅，根据传统的岗位价值体系，即使拿到最上限薪酬，也不足以匹配其贡献；二是基本薪资受很多与员工实际价值无关的因素影响（如：有些员工更擅长谈判，在入职时就争取到较高起薪）。

另外，男性普遍比女性更主动申请加薪，也更容易得到加薪。奖金作为价值分配的二次调节机制，应确保每个人都得到与贡献相匹配的回报。股票分配也是如此。这样做的结果是相同岗级的薪酬差异可能达到 3～5 倍，高岗级不必然等于高收入，低岗级员工收入超过高岗级的情况很常见。

157. 对承接愿景型 OKR 却未成功的员工，如何补偿机会成本？

愿景型 OKR，本质是内部创业的开拓性项目，需要极其优秀的人才付出长期的艰苦努力，即使失败，员工也会得到不低于其时间机会成本的奖励（即：如果参与更稳妥的项目，员工可以获得多少回报？谷歌会将这部分回报补偿给员工）。

发起和参与这些项目的员工多为"高风险/高收益"偏好者，"失败奖励"当然没有他们梦想成功后能获得的那么多，但考虑到内部创业的风险也远远小于"野生创业"，谷歌给出的"失败奖励"相当公平。"失败奖励"和"以价值付薪"并不矛盾，因为这是对高价值"探路石"的奖励，是对未来成功的投资，关键在于组织能否从失败中学习，并且能够将失败的经验带到新的投资中去。

158. 实施 OKR 后人力资源体系该如何设计？

持续提高公司高绩效人才密度是实施 OKR 后需要追寻的方向，利用差异化人才策略来重新设计公司的人力资源体系。

（1）我们需要做的是重新定义公司的岗位划分：战略岗位、支持岗位和辅助岗位。战略岗位是指对公司战略能力有直接影响，其工作表现能够显著地增加收入或者降低成本来创造价值，这些职位的绩效弹性非常高，工作需要高度的自主决策；支持岗位是指能够对战略性职位提供支持，或者虽然有战略影响力，但这些职位的绩效弹性较低；辅助岗位是指为保证企业正常运转而设，但对公司短期战略能力影响较小，工作中遵循明确的工作流程。如有需要公司的辅助岗位可以全部外包出去，而战略岗位人数要占公司人数的大多数。

（2）战略岗位设计有竞争力的薪酬策略，按照员工创造的价值来支付薪酬，对于评级为 A（绩效等级最高级别）的战略岗位人才要给予有市场竞争力的固定薪酬来吸引加入，董事会根据经营情况设立奖金来奖励做出重大贡献的人才，并运用股票股权或者期权来保留人才和我们一起长期战斗；对于支持性岗位的激励，最佳方式是转为战略岗位，或者提升岗位支持的人数和服务质量。

（3）寻找行业内最好的人才（能力和潜力都高的人才）加入团队，持续推高公司高绩效人才的密度，淘汰绩效不合格的人才。人才从来不是招，而是找来的，内部发展的，明确业务负责人是找人和发展人的第一责任人，而不是人力资源部门。

（4）加强文化建设，塑造公司良好的组织氛围，坚守核心价值观并不断强化文化的力量。给每一个团队配置一个人力资源伙伴，并且给予仅次于负责人的职务和权利来加强组织建设。

第八篇

OKR 案例
——他山之石，可以攻玉

案例一:"OKR 之父"约翰·杜尔访谈

很多人了解约翰·杜尔是因为他身上浓墨重彩的标签,有人说他是硅谷最具传奇色彩的风险投资人,曾"10 年为 KPCB 净赚 1000 亿美元",他投资的公司中,有 167 家成功上市。在美国,无论是克林顿,还是奥巴马,都无法忽略他提出的有关科技、经济方面的意见。

但约翰·杜尔不仅限于此,在探索引爆谷歌爆炸性增长的原因时,我们不能忽略的一个重要原因便是谷歌的 OKR 体系,而约翰·杜尔正是谷歌 OKR 的引领者,以下是 Better Works 的创始人克里斯·达根对约翰·杜尔关于 OKR 的一段采访问答,揭示了 OKR 这一目标设定系统的历史及其怎样促进组织的蓬勃发展。

克里斯·达根:你是在哪里了解到用 OKR 来制定组织目标的?

约翰·杜尔:20 世纪 70 年代,我在英特尔第一次看到 OKR,那个时候,英特尔正在从一家存储芯片公司转型微处理器公司,而当时的管理团队头儿安迪·葛洛夫希望他的员工能专注在最要紧的事务上以便达成成功转型,因此 OKR 应运而生。这套理念的创造让我们尝到了很大的甜头。我们都被 OKR 背后蕴含的巨大能量深深吸引了,如果说以前的工作方法论是我们前进路上的一座灯塔的话,那么 OKR 简直就是北斗七星,我们毫不犹豫地选择了后者。同时,更为激动人心的是,我还可以看到安迪的 OKR、我的经理的 OKR、我的同事的 OKR……可能开放沟通在今天没什么大不了,但在当时,这绝对是有超前意识的。我可以很清楚地看到我做的事情和公司的目标方向有什么关系。我把自己的 OKR 贴在办公室里,每隔一个季度,我都会写下新的 OKR,它一直陪伴我到现在。

克里斯·达根:谷歌的第一次 OKR 会议是什么样的?

约翰·杜尔:Kleiner Perkins(早期的谷歌投资者,KPCB 的成员)当时投资了谷歌。作为 OKR 的强烈拥护者,我主动来谷歌给拉里·佩奇和谢尔盖·布林管理团队介绍 OKR。当时所有人都围在一个乒乓球桌周围,我小心翼翼而又满怀兴奋地给大伙介绍 OKR 的制定、价值以及实施细节。拉里和谢尔盖很快就意识到了这套理念的价值,他们非常喜欢这种一个季度复盘并更新一次公司最优先事务的机制。我们大概尝试了几次之后,就找到了属于自己的节奏和模式。现在,谷歌每个季度都会去制定 OKR。从我的经验来看,这就像产品的市场适应期一样,前期的几次试错是非常有必要的,一般情况下,大多数公司在尝试 1~2 个季度的 OKR 之后,都能找到合适的节奏。

克里斯·达根:为什么像谷歌、英特尔这样大公司能够在 OKR 的施行上如鱼得水,而其他不在少数的公司仍然挣扎在公司战略和目标的制定上?

约翰·杜尔:其实这很简单。公司上下所有人必须对战略和目标的制定有着 100% 的信任。CEO 也好,高管也罢,或者是任何一个普通员工,都必须对 OKR 或者其他的目标制定怀有信念。这是唯一可以达到目的的方法。OKR 在谷歌成功了,在英特尔也成功了,拉里和安迪推出 OKR 的时候,所有人都是敞开胸怀赞成的。这或许能考验一个团队的适应能力和执行能力吧。一旦公司决定要使用 OKR,公司里就必须有 OKR 先锋站出来,他们必须能够帮助教育团队、跟踪 OKR 进程、给出执行评分,并针对问题给出相应的调整方案。这个人可以是 COO,也可以是人事总监,或者研发经理,甚至团队里任何一个有想法、有才华的人。第一次施行 OKR 的结果肯定是不完美的,这时候可能就有说三道四的人出现了,所以必须有人能够站出来扫清障碍,执行到底。最后,组织必须把 OKR 当成他们流淌在血液里的一部分,把 OKR 当成组织文化而不是一套外来工具或理念。不管是公司层面的 OKR,还是个人层面的 OKR,它都必须是对全员可见的,新员工也必须要接受 OKR 的培训。这就是为什么 OKR 在谷歌和英特尔这样规模巨大的公司也能够执行到位并具有持续性的秘诀。

克里斯·杜根:为什么你认为设定目标对组织很重要?

约翰·杜尔:公司的成功取决于执行能力。想法和创意是宝贵的,但是转眼即逝,不容易被实施,有了好的想法和创意,执行力才是一切,一个有效的目标设定体系能够帮助组织达到成功。托马斯·爱迪生曾经说过："没有执行力的愿景就是幻觉。"我对此深信不疑，我坚信目标设定是确保执行步入正轨的最佳方法。

目标设定很重要，原因有几个。首先，它帮助公司将精力集中在对公司成功至关重要的前 5 个目标上，而不是 50 个目标上。通过集思广益和编写目标的过程，我们可以确保主要目标将会浮出水面。

目标设定还有助于团队之间的问责制和协作，公司中的每个团队成员都可以将他们的目标与公司目标联系起来，他们可以清晰地看到自己的工作对公司的成功产生直接影响。OKR 不仅打破了"部门墙"，而且真正让团队成为了目标共同体。同一个项目组的成员都非常关注团队目标的完成情况和其他成员的表现，并及时配合推进 OKR 的达成，因为这将与自己的目标和利益密切相关。如果做对了，目标设定是一个非常强大的工具。

克里斯·杜根：组织未来需要做哪些事情来改善目标设定？

约翰·杜尔： 关于目标设定，我会看到一些常见的错误，下面是我建议解决这些错误的方法：

- 目标必须得到整个组织的支持。每个团队和项目组应就其目标和优先重要事项达成一致。
- 目标必须是可衡量的或可量化的。也许是在计划时间节点前完成产品上线或者达成一定的流量，无论如何，我们必须能够跟踪和衡量目标。
- 目标应该是具备挑战性的，但也不宜太高，跳一跳能够到的目标更有利于激发员工的热情与自驱性。
- 一开始不要直接把 OKR 目标与奖金绩效直接挂钩，可以作为绩效考核的参考体系，以此来建立一种大胆的冒险文化。

案例二：陈鹏鹏：我为何要坚定地引入OKR工作法？

陈鹏鹏卤鹅饭店成立于2016年，是深圳卤鹅主题饭店的开创者。创始人陈鹏鹏把原本只是潮汕地区街头巷尾的传统小吃、宴席上锦上添花的一道小菜，变成了一个超级品类，每家店只要一开业，门口的人排成长龙，高峰时段甚至要排半个小时到一个小时。

短短两年时间，陈鹏鹏已经在深圳开了10家店，开一家火一家。陈鹏鹏卤鹅饭店创造了几项纪录：平均出餐5分钟、最高翻台13桌、区域内单店营业额最高。此外，陈鹏鹏卤鹅饭店还获得了首届中华卤鹅大赛金奖，以及当地"大众点评必吃榜"群众评选第一名。

谈及成功的秘诀，陈鹏鹏坦言：因为我坚定地引入了OKR工作法。那么，OKR工作法是怎么让一家传统小吃馆创造了奇迹的呢？

一、为什么推行OKR？

首先，公司员工大多都是90后，他们年轻，爱自由。90后大多都是独生子女，他们没有兄弟姐妹，从小受到物质上的优待，在心理上基本没有贫困的感觉，有极大的财富安全感。

90后不受约束，很有自己的想法。所以，今天90后离职可能不是待遇、工资的问题，而是因为老板"不好玩"，想要换一个"好玩"的老板。你的公司想要吸引、留住90后，除了要成为他感觉"有用"的地方外，还要成为他感觉"好玩"的地方。

在导入OKR之前，公司推行的也是传统的绩效考核。这是一套自上而下的考核体系，员工很不喜欢。

他们经常抱怨说，绩效考核都是领导在办公室把KPI指标设计出来，层层分解下来，每个人强制执行。然后算奖金的时候，人力资源部毫不留情地这里扣钱、那里扣钱。大家怨气大，人事主管也很委屈。

还有，关于绩效管理的弊端，不知道大家听过"猫抓老鼠"的故事没有？

主人给猫安排任务：一天抓一只老鼠，抓到就奖励一条鱼。第一天，猫如愿以偿抓到了，于是主人奖励了它一条鱼，主人和猫都很高兴。第二天，猫又抓一只老鼠，主人又奖励了它一条鱼。第三天，猫没抓到老鼠，于是主人就没有给它鱼。第四天，猫还是抓不到老鼠，主人不仅没给它鱼，还把它骂了一顿。

猫就特别郁闷，心里想：老鼠肯定是越抓越少，那我要怎么完成自己的任务呢？

于是，当猫再次抓到老鼠后，它就跟老鼠商量：我每天叼着你在主人面前走一圈，完成我的KPI，然后我就放了你。但是第二天你还得过来，让我再叼着你在主人面前走一圈。这样，你能留一条活命，而我也能获得一条鱼。最后，猫和老鼠达成一致意见，KPI完美完成。

这其实就是很多公司绩效考核的情况，90后的年轻员工，都像这只猫一样聪明，面对传统的绩效考核，上有政策下有对策，到最后变成老板跟员工之间玩"猫抓老鼠"的这种游戏。

这显然不是陈鹏鹏想要的。

二、如何制定OKR？

陈鹏鹏卤鹅饭店从2018年10月开始推行OKR。2018年公司的O（即年度目标）有4个：

O1：超级好吃；

O2：超级干净；

O3：8分钟上齐菜；

O4：桌桌说菜。

第一个目标，是超级好吃。餐饮行业万变不离其宗，其本质从古至今都没有改变过，好吃是根本。餐饮行业可以创新，可以求变，但首先得把根守住。

第二个目标，是超级干净。在餐饮行业，想要扬名，一定会把干净作为底线的。陈鹏鹏选择跟一家知名的食品安全公司艺康合作，由他们来进行培训。

第三个目标，是在8分钟内保证上完菜品。因为排队的客人比较多，8分钟上齐菜，一方面客户体验提升了，另一方面翻台率也提高了。

第四个目标，是桌桌说菜，员工在服务客人的过程中，要向客人介绍菜品。让客人了解菜品和特色，同时也可以提升品牌传播度。

那么，这4个O是怎么制定出来的呢？

公司一开始让各负责人制定部门的O。但当每个人把部门的O交上来之后，老板傻眼了，有的制定客流增长额，有的制定营业额，有的制定毛利，几乎都是餐饮行业通用的财务指标。

餐饮行业看似简单，门槛低，实际上需要走脑也走心，想要做好并不容易。从目前市场环境来看，陈鹏鹏卤鹅饭店创立了全国第一家鹅肉饭店，之后各种卤鹅品类争相模仿，在消费者心中占据"第一"，这并不是几个传统的餐饮行业通用财务指标所能达成的。

那么，应该从哪些方面来持续吸引消费者？公司领导认为走进客户的心里才是最重要的。

在经过不断反思与推敲后，公司制定2018年的O：超级好吃、超级干净、8分钟上齐、桌桌说菜。因为经过反复思考、探求初心，公司觉得餐饮行业的本质就是好吃干净，如果基础工作没做好，所谓的利润率、营业额都是镜中月水中花。所以，公司决定把财务指标暂时放在一边，通过这4个O的达成提升客户体验。

总部直接制定公司级的O后，各店长和各部门总监在理解了为什么要设定这4个O之后，再结合各自的实际情况制定各部门的KR。

三、OKR如何运用？

OKR是一个以终为始的思维，知道目标在哪里，然后行动计划支持关键结果，关键结果的完成支持目标的实现。

在实施过程中，O 以季度为周期，每一个季度初，大家制定自己的 O。关键结果 KR 则以周为周期。

KR 也是基于公司制定的 4 个 O，围绕总部对门店的要求和门店自身的痛点来自行制定。周一例会 PPT 模板改为以 OKR 完成情况为思路，对 KR 进行总结，即：本周完成了哪些 KR，完成结果怎样，分析没有完成的 KR 是否要调整，下周怎么完成。对已经完成的 KR，在下一周要么更新，要么在原有基础上提高要求。

人力资源部每月组织复盘会，优化 OKR 的运用，例如提出最基本的表格书写的规范性要求，或组织讨论 KR 的制定是否符合标准，等等。

每个季度结束后，需要评估目标的完成情况。通常由部门及员工进行自评，自己给自己打分，以确认工作进展，一方面让自己看到差距，另一方面也把进展告知周边相关人。

同时，公司还让大家互评，以提建议为主。一方面学习其他人做得好的，同时也接受其他人的建议。当然，为了不让不同的意见导致内部产生矛盾，互评之后大家要相互拥抱一下，并感谢对方的陪伴和成长。

四、OKR 带来哪些变化？

第一，餐饮行业特别琐碎，每天都很忙，但是忙的过程中又有点盲目，不知道目标到底在哪里。用了 OKR 之后，虽然还是忙，但是目标变清晰了，因为 OKR 本身就是一个目标管理工具。

第二，运用 OKR 管理工具，最难的地方在于如何制定有效的 KR 来推动目标的达成，而 OKR 最好的地方又在于它能调动所有伙伴充分发挥才能，支持每个人的想法和行动。

举个例子来说，关于"超级干净"这个 O，一开始制定的 KR1 是大堂地面保持干净，其实只要服务员每天定时拖地就好了。

但是后来店长们却发现，服务员花了很多精力做大堂地面卫生，大堂却还是无法一直保持干净。原因是厨房水多油多，有些员工进进出出鞋子带了出来，有些是厨房漏水流出来的，大堂就湿滑、油腻了。

于是大家就制定了 KR2：厨房地面保持无油无水。制定了这个 KR 后，各店开始分析如何制定行动计划。有的门店本来是在厨房煲米饭，员工进出频率较高，那就把米饭移到大堂来煲；有的是厨房水管容易漏水，那就从工程上解决水管的问题。

在完成这个 KR 的过程中，工程改建是件比较大的事情，为了以后少动工程，店长们产生了一个很好的想法：新店打造"可移动厨房"，就是厨房设备全部可移动，哪里漏水移哪里、修哪里，以前动一次工程至少一晚上，现在通过移动厨房修个水管最多一小时。

这样不但从根本上解决了漏水的问题，而且通过可移动厨房这一理念，还实现了厨房超级干净无死角。

在这个过程中，公司的员工都参与进去了。人人出主意，人人都在为公司着想。为什么？因为有了目标的牵引，有了 OKR 的牵引，慢慢地团队内就形成了这种氛围和思维方式。从工具到思维，这就是最大的收获。

第三，员工的积极主动性也大大提高。以前公司设定了 KPI 之后，如果想让员工完成这个目标，公司就要给员工赋能，例如组织培训等。这些都是自上而下的。

但是推行 OKR 之后，员工会主动来申请需要学习什么，或者去别的店参观，甚至几个店长一起头脑风暴。这种带有自主意识的学习，更容易提升他们的能力。

虽然公司使用 OKR 的时间也不算久，但是大家对 OKR 这个目标管理工具都很认可。公司打算从第二年开始把它跟奖金挂钩，当成奖金发放的一个依据。

五、推行 OKR 需要注意的问题？

第一，主导推进的人要熟练掌握 OKR 工具，不然无法推进，无法组织复盘，等等。

第二，主导推进的人要熟悉公司的业务，不管这个人是人事主管，是财务主管，还是运营部门老大等，一定要熟悉业务。

第三，一开始不要设奖金。大家都理解了之前讲的猫捉老鼠的故事，如果工具都还不熟，就去设置奖金的话，员工压力更大，容易产生抵触情绪，也容易滋生一些其他问题。

第四，团队内部横向沟通，纵向反馈。横向沟通是指 OKR 是透明的，每个人都可以看到别人的 OKR，相互之间信息交流更充分，协调性也更强。纵向反馈是指团队要及时给予小伙伴反馈，店长跟员工谈，店长有疑惑也可以跟总部沟通，需持续、反复地沟通跟反馈，然后调整，最后才能有效支持 O 的完成。

六、结语

虽然陈鹏鹏卤鹅饭店是从 2018 年 10 月开始推行 OKR 的，使用时间不长，但是他们有好多创新点，值得借鉴。

第一，由公司来设定部门的 O，这是他们的创新。我们都知道，公司有公司的 OKR，部门也有自己的 OKR。但是由公司来制定部门的 OKR 中的 O，这是他们的一个创新，也取得了不错的成效，这说明 OKR 这个工具可以灵活使用。

第二，OKR 可以互评这也是一个创新。通常 OKR 先是自评，自己给自己打分，然后由上级部门校准。他们还加入了小组之间互评，一是从外部视角可以提供更多具有启发性的建议，二是大家之间相互学习，取长补短，同时还增加了娱乐性和社交性。

第三，他们的 O 非常聚焦，非常清晰。"超级好吃、超级干净、8 分钟上齐菜、桌桌说菜"，不仅好记还朗朗上口，自上而下渗透到每个店员的心里。所以，目标制定非常关键。第二年公司只要把这些做好了，无论是利润、客流还是翻台率，都自然而然达成了。这也是他们在制定 O 的时候，最有远见的地方。

但是，有一点要提醒，就是 OKR 跟奖金挂钩要稍微谨慎一点。如果奖金是在员工完成的基础之上，基于 OKR 的结果提供额外的奖金，这样会比较好。也就是说，OKR 只奖不罚，这可以让员工保持积极的心态。

案例三：创业公司初期如何通过 OKR 实现 10 倍速增长

2021 年，某科技公司员工数量从 30 名骤增至 140 名。团队成员迅速扩大，原有的团队成员也被重新调任至不同的团队，不少的成员都有了新的职位和新的职责。随着公司规模不断壮大，公司在组织文化、组织效率以及各部门一致性等方面受到严峻考验。在员工数量突破 50 人后，董事长认为，必须要通过某种管理方式，使团队成员力往一处使、劲往一处拧，并不断地推动公司进一步发展。

董事长最后采用了 OKR 目标管理法。这套方法可以让公司上上下下所有人都找到自己的工作职责和目标，同时可以通过分数进行相应评估。

除此之外，他还觉得必须要根据组织自身情况再加入一些创新元素。过往经历告诉他，要通过某种管理方式在公司内部实现变革，并不是一件容易的事。

因此，在他眼中，OKR 不仅仅是一个目标管理系统，OKR 还要作为一种沟通媒介，让全体人员齐心协力，在良好沟通的前提下朝着共同目标一起奋斗。简言之，OKR 要成为组织文化的一部分。

这一切到底该怎样实现？董事长认为，关键在不能忽视执行环节。不能认为这是一种好的管理方法，就直接借用过来，毕竟"生搬硬套"的应用方式并不值得推荐。相反，必须要根据公司的实际情况，探索一条适合自己发展的 OKR 管理方法。

一、冷冰冰的首字母，良好沟通的媒介

提到组织内部的一些首字母缩写，特别是那些和工作业绩相关的首字缩写，大多数人的反应都是冷漠甚至反感的。因此，公司在应用 OKR 的过程

中，弱化了行动任务的概念，更加强调团队合作。

事实是，公司内部的确需要通过某种方法来进行管理。"当时的营收并不乐观，每年只有千万元的收入。而我们有许多的员工，大家都需要互帮互助，才能实现共同成功。单个员工的出色，是远远不够的。"董事长说，"因此，要换个角度重新认识OKR，把它当作一种沟通方式，让所有员工都清晰地了解核心目标及任务。"

在初期，OKR设置的目标任务非常艰巨，同时还有相关细节描述，阐释目标的重要性，以及该目标和公司的宏观目标、团队的聚焦目标乃至个人目标的关联性等信息。此外，还要规定3~5个核心关键结果，从而引导员工实现该目标。

当个人目标清晰直接地与公司宏观目标保持一致时，会进一步激励员工认真工作，同时也避免了员工"只见树木，不见森林"的局限性工作态度。将所有的目标都公开，让大家都能知晓团队成员或者其他同事在执行的项目内容是什么，这样也会给员工一种安全稳定的工作氛围。这样一来，OKR就变成了人们互相索取资源的一种内置管理方法，或者至少在希望寻求帮助时能够快速有效地知道谁可以帮忙。

"将所有的目标公开，可以促使员工思考并通过多种方式来寻求其他同事的帮忙。"董事长说。而公司通过这种OKR管理方法，就是要激活内部的对话机制。让所有环节可视化、透明化，消除不必要的顾虑，让大家在工作内容方面更具有创意。只要确保这个前提，接下来就会出现更多有趣的事情。

二、高效的OKR目标管理系统

董事长在通过OKR来进行管理时，就确认了OKR在公司内部扮演的角色。一种管理方法要行之有效，必须要有核心，就像他所说，"每个教堂或寺庙都可能存在不同的信条解读，尽管存在差异，但其核心的哲学思想却是一致的。"但是，直接从字节跳动或华为照搬一套管理方法是不可行的。

在董事长眼中，适合自己公司的高效的OKR有以下四个特征：

首先，通过OKR，可以量化员工业绩结果。关键结果并不是员工主观上计划执行的一般行动，而应该通过数字来清晰地引导并反馈目前的工作情况。比如，如果玛丽的工作目标是提高销售技能，那她的关键结果应该是"一周花至少 2 个小时的时间，跟随并学习团队销售之星詹妮弗，看她是如何进行销售的"。

其次，要让员工每天、每周、每月、每个季度都把 OKR 放在心上，随时进行对比思考。只有多回顾、多思考才能进一步开发员工的思考能力。保持计划与实际结果的一致性，可以让员工养成目标设置的好习惯，同时还可以改变员工思考工作方式和执行日常具体工作的方式方法。"通过这种方法，可以自然地形成一种里程碑，让员工不断地思考接下来该做什么，进一步向更远大的目标发展。"董事长说。

最后，OKR 目标不要定得太死板，一定要进行相应延展。完成任务的 70%，在大多数绩效管理方法下，并不是好成绩。但从 OKR 管理角度而言，这个成绩已经不错了。员工在制定目标的时候，要有足够的"野心"，尽可能将目标设置成自己的极限目标。如果每个人都这样做的话，大家都会努力思考这个本来就不简单的问题：要完成这个极限目标，到底该怎么做？

自从推行 OKR 管理方法以来，每个季度的第一次全员会议都是围绕着 OKR 展开的。"这个想法的初衷，是通过快速回顾上个季度的结果，从而让大家认识到 OKR 的重要性和必要性，并且思考如何进一步优化 OKR 制定。在完成这些内容的前提下，再讨论并制定下一季度的 OKR 目标。"董事长说。

会议过程中，他还会要求各部门负责人讲述其根据既定的 OKR 目标如何展开具体工作，在下一个季度又该怎样调整工作计划。"结束会议后，每个人都要清晰地了解公司的宏观目标是什么，以及为什么要制定这样的宏观目标。"董事长说。

三、为什么要制定愿景型目标？

我们都喜欢达标，而很多人都是通过划掉待办清单上的具体任务来确认任务完成的。然而，要做到高效地制定目标，永远不要只局限于 100%。否则，你的努力程度可能会被打折。董事长说：如果不制定高难度目标的话，那你永远无法找到正确的问题。

如果你明知道自己的能力，却只给自己制定一个提升 10% 的轻松目标，这样的做法并不值得推荐。它给人的感觉是，你安于现状，给人保持一种稍微努力的印象罢了。

"但如果我告诉你，我需要你在工作成绩上提升 50%，"董事长说，"你可能就会觉得'天啊，如果要达到那个目标，那我必须要解决最根本的问题了'，又或者你可能会认为'我可能需要摒弃过去的工作思路，从零开始重新思考对 X 或者 Y 的认识'。这才是 OKR 存在并应用的真实意义。目标制定得高一点，员工对待工作的态度就会更加认真，从而进一步激发其创造力和执行力，最终真正地实现某个目标。"

四、"死亡之吻"：绩效考核

大多数采用 OKR 管理方法的公司，都会在一年一度的业绩考核中将各项 OKR 结果指标纳入考核范围。然而，对董事长而言，他关心的重点却大相径庭。他不关心年底的业绩考核，他是在整个年度中随时关注 OKR 执行情况，特别是涉及补偿或奖金的情况。"设计 OKR 的初衷，不是把它当作对付员工的武器，"他说，"而是激励员工、让员工保持和公司以及团队目标一致的一种有力工具。"

比如说，他认为，销售团队成员的收入要和实际业绩挂钩，这是有道理的。然而，如果把 OKR 与团队成员的收入直接挂钩的话，你可能就永远也看不到多样性的目标和结果了。销售人员可能再也不会给自己设置某个创新目标，或希望通过培训提高销售技能，因为这会"浪费"他们去完成业绩的时间。而众所周知的是，内部的培训项目对员工的长期发展、对公司的整体发展都是至关重要的。

这并不是唯一的问题，"如果我们把 OKR 指标纳入年度绩效考核的话，那么对那些希望达标、最终成绩却并未达标的员工来说，就应接受相应惩罚，可能他们最后一点奖金也没有。这样只会让他们在工作中'目光短浅'，只顾着眼前的 OKR 目标，只求安全稳定地工作，他们不会去延展自己的目标，也不会主动思考该如何把工作做好。"董事长说。简言之,他们会采取保守的工作态度,谨慎行事,宁愿不犯错从而得到基本奖金,也不愿斗胆尝试而突破自己,实现更多的可能性。而这个原因,就是许许多多的创业组织一直停滞不前的根本原因。

把 OKR 和年度业绩考核分离开来,还有其他的积极作用。在公司引入 OKR 管理方法之前,大多数员工都是通过绩效考核系统获得相应奖励和反馈的。而如今,通过常规的 OKR 更新和回顾,员工之间以及上下级之间的沟通更加频繁。在不断地沟通的过程中,可以频繁地鼓励或奖励员工,员工自身也更能体会到组织认同感。长久来看,这种方式必然是很有价值的。

五、实际工作中到底如何应用 OKR?

在公司,每个季度的核心主题也并不只是围绕 OKR 展开的。董事长每周都要求各业务部门负责人提交工作报告,并且要求他们对其下属提出类似的要求,以便清晰地了解各岗位员工每周的工作情况。他认为,如果没有通过提交工作报告实时跟踪汇报各自 OKR 执行情况的话,那相关领导人应该承担失职责任。

"每周例会开始之前,我都要求各部门负责人跟我简要汇报其上周的主要成果,这些成绩主要就是过去一周中值得提及的一两件大事。然后,我就会说'接下来,再看看你们制定的 OKR,截至目前你们取得了什么进展?现在仍然让你们头疼的问题有哪些?在哪些方面你们仍需要外部协助?'每个负责人都会分享其遇到的一两个难题。通过这样的方式,会议的开展也朝着正确的方向延续下去。"董事长说,"因为他们关注的焦点,总是围绕着如何排忧解难来开展,所以他们从来不觉得开会是浪费时间。"

除了管理层会议之外,董事长认为引入了 OKR 管理方法后,也更加容易让员工专注于自己的工作,并同时从他处获得反馈。他鼓励员工花时间认真制定 OKR,并且要求各部门负责人与员工一对一交谈,从而把潜在的各种障碍排除,做到真正的信息可视化、内容畅通化。这样的交流,必须在回顾和讨论上一季度 OKR 执行情况后立即进行,最好在新一季度的第一周之内完成。

比如说，如果你的目标是进一步推动增长，那么你的关键结果之一，可能就是去开发在线实时交流功能，从而在一个月之内实现一定量的增长。"当你完成了这项功能的开发并且使之落地后，那你的关键结果就完成了30%。当你的完成情况接近于你设定的目标量时，那你就差不多完成了60%。"董事长说。在任一阶段，你的项目负责人都可以随时通过这个平台了解你的工作进展，同时也会了解你是否需要相关协助。

"在每个季度结束时，对工作执行情况进行评估打分也非常简单，最多只需要5分钟。"董事长说。对各项目标完成情况的评估打分，可以通过关键结果中具体单项任务的完成情况来进行，从而算出各项平均分。因此，可以量化评估关键结果，也是在制定OKR环节中不容忽视的一个方面。

在公司的OKR中，提升技能是管理核心之一。董事长非常重视让员工拓展学习，特别是在值得学习或目前掌握不熟练的领域。"提到技能培养，其实就是持续地推进培训计划，"他说，"根据现行的管理方法，我们要求销售团队的所有人都必须在技能培养方面设定相关OKR目标。这种目标，和他们完成销售业绩的目标不同，是更加关乎其个人成长发展的目标。"

在员工培训方面，董事长是真心实意地为了员工好。他每个月会和销售主管召开定期会议，了解各销售人员在技能开发和培训方面的OKR目标执行情况，并且探讨利用公司现有的可用资源进一步提升并实现快速增长的可能性。

六、自下而上，而非自上而下

要让OKR在全公司范围内有效应用，就需要把OKR当作全体员工可以使用的一种有效工具，而不是强加在全体员工身上的一种指标要求。

公司整体OKR的60%应该靠员工实现，而不是领导层。如果领导层汇报工作的时候，都是提前背诵下属员工准备好的汇报内容，那这肯定不能达成理想结果。

比如说，董事长提到了公司对员工、培训特别是销售团队的重视，"据部分员工反馈，他们希望提升在某领域的相关技能。因此，员工培训现在成了公司层面最重要的 OKR 目标之一。而就关键结果而言，公司聘用了一名销售领域的培训专家，同时还咨询了第三方顾问，通过他们了解销售团队必须具备的基本和核心技能，从而进行针对性的培训。"董事长说。

七、高效利用 OKR，实现一致性发展

从公司成立之初，所有的收入全部来自于销售团队的直接销售收入，后来，又通过渠道合伙人成功拓展了公司的营收方式。在很大程度上，这都是 OKR 的贡献。如果要通过渠道合伙这种方式来取得成功，那么从开启这种合作方式的第一天，渠道合伙方就需要大量的营销支持。他们不仅需要向潜在合伙人解释这个项目，还需要借助相关营销资料建立相应的社区群体，同时还要回答相关问题并追踪相关进展。总之，有一系列的问题和事项需要落实，而并不是所有的事项都是可以提前预知的。

因为 OKR 管理流程可以规范团队与团队之间的沟通方式，所以，借助 OKR 管理方式，可以实现市场营销目标和渠道合作方需求的一致性。

"我会将市场营销的 OKR 目标分享给负责渠道合伙方的主管，并且会保持更新，然后可以直接问他：'如果我们只需要做到 70% 的话，那你们就应该没有问题了吧，对吧？'"董事长补充说，"然而，我第一次跟对方分享 OKR 目标的时候，对方立即就提出了不同看法，并提出了自身需求。所以，我不得不再回过头跟营销负责人商量，'之前的目标方案好像不行'，如果没有 OKR 的话，我们可能到那个季度结束的时候，都不会聊到这些核心的话题。"

结果，渠道合伙方得到了其自身需求的资源，对方不仅需要营销方面的资源，还需要销售和运营方面的支持。最后，公司成功拓展了营收新方式。

董事长补充说，引入 OKR 后最大的变化之一，就是他经常能够在办公室从员工闲聊对话中听到和 OKR 相关的积极正面的沟通。这是员工力往一处使、劲往一处拧，与公司宏观目标紧密相连的标志。而这样的局面，更进一步坚定了董事长的信念，高效利用 OKR 进行管理，就可以发挥不一样的作用。

"我们引入 OKR 的原因，是因为公司发展到了一定规模，而我或者其他领导层无法也不能够去独自权衡和做出每一个抉择。如今，公司的员工都可以在 OKR 框架下，以公司使命和利益为前提，做出相应抉择。而且，他们都可以通过公司提供的系统，不断地打磨提升自己的专业技能，让自己在某领域做到鹤立鸡群，开启人生的下一个新篇章。"董事长说。

案例四：君润众乐 OKR 运营手册

君润众乐企业管理咨询有限公司的使命是帮助天下蓝领找到幸福的工作。在 OKR 专业咨询团队上书数科的辅导下，君润众乐开始实施 OKR，将承载公司使命，实现持续的"10 倍速"增长。

君润众乐恪守的核心价值观为：以人为本、专业、诚信、责任、创新。核心价值观是构建君润众乐的基石，公司价值观指导着员工做出决策和对待彼此，并为客户服务；还指导着员工实现自身目标和远大的理想，它不仅是文字，更是将员工团结在一起的共同纽带。

君润众乐计划将在未来 8 个月内实现第一个 10 倍速增长，因此，将 OKR 制定为：

O：2022 年 3 月底实现月招聘量 24000 人/月

KR1：有效简历总量突破 1000 万份；

KR2：系统 100% 满足业务发展目标；

KR3：人均效能提升到 100 人/月；

KR4：OKR 推行成功。

随着公司扩张，君润众乐定期发布 OKR 指导方针和应用模板。以下摘录主要为内部资料，转载得到了君润众乐有限公司的许可。

一、君润众乐的 OKR 理念

在君润众乐，我们喜欢"往大处想"。"目标与关键成果"，即 OKR 方法可以帮助我们沟通、量化并实现那些宏大的目标。

我们的行动决定君润众乐的未来。君润众乐的员工和管理者，作为个人和团队成员，在如何分配时间和精力方面，做出了深思熟虑的、谨慎的、基于公司发展的选择。OKR 全面展现了这些谨慎的选择，也是我们协同个人和团队行动实现宏大目标的方法。

我们选择君润众乐作为试点单位，按照一个月为周期制定我们的 OKR：我们要产出什么、追踪计划进度、调整个人和团队的优先事项和重要阶段成果。OKR 帮助我们聚焦于最重要的目标，避免因紧急但次要的目标分心。

君润众乐的 OKR 是宏大的，不是渐进增长的——我们并不期待全部达成，如果全部达成，说明我们没有设定足够进取的 OKR。我们始终坚守这六大信条：

1. 相信 OKR；
2. 始终思考我们的目标对于客户的价值；
3. 拥抱变化，突破自我；
4. 团结互助，利他前行；
5. 做对而难的事情；
6. 及时赞美与鼓励。

二、OKR 委员会及大使工作组

OKR 委员会是公司 OKR 运营的最高机构，主要成员在 3～7 人，由公司最高领导人批准，主要职责：

1. 组织编制公司 OKR 运营手册，明确公司推进 OKR 策略；
2. 评审各团队和个人的 OKR 是否符合原则；
3. 参与各部门会议，发现各部门与 OKR 工作之间矛盾；
4. 接受来自各部门提出的问题，加以分析，并解决问题；
5. 总结各部门在推行 OKR 工作中的优秀实践，并整理后加以推广与学习。

OKR 大使工作组是 OKR 委员会的常设机构，负责执行公司 OKR 委员会的各项工作。

三、君润众乐如何制定 OKR 标准

（一）避免空洞的 OKR

不透明、不解耦、不挑战、不取舍的 OKR，只是空洞的管理姿态，浪费

时间。君润众乐的OKR是激励性的管理工具,让团队清楚知道:哪些是重要的,哪些需要优化,在日常工作中如何权衡取舍,我们该聚焦在哪几个重要的方向。

(二) OKR 制定标准和原则

制定有效的OKR,要注意以下简单原则:

O,即Objective,也就是"做什么",应符合以下标准:

Focus:聚焦,聚焦,还是聚焦,思考"为什么设定这个目标",对我们来讲,当前最重要的方向是什么?

Ambitious:有野心的、进取的,同时是现实的。

Clear:真实具体、客观、没有歧义;对于一个理性的观察者,目标是否达成是显而易见的。

Economics:目标的达成,必须有清晰明确的商业价值,始终为客户创造价值。

Key Results 是"怎么做",应符合以下4R标准:

Robust:包含可衡量的里程碑,里程碑应有力推进目标的达成进程。

Relevant:必须能够和左右对齐,支持团队整体实现目标。

Results:必须描述成果,而不是行为。不要使用"咨询""协助""分析""参与"等描述行为的词汇,要明确描述这些行为对最终用户的影响。

Realistic:必须有完成标志。完成标志必须是容易获取的、可信的,如:变更清单、文档链接、公告、正式发布的标准报告。

(三) 评价标准

对OKR达成情况的评价标准在0~1之间,并有与之对应的颜色:
0.0~0.3:红色;0.4~0.7:黄色;0.8~1.0:绿色。

(四) 跨团队OKR

君润众乐的很多重要项目需要不同团队的合作与贡献,OKR是理想的协同工具。跨团队 OKR 应该涵盖所有需实质参与的团队，跨团队 OKR 中的承诺事项，应具体体现在每一个参与团队的 OKR 中。

（五）承诺型 OKR 与愿景型 OKR

OKR 有两种：承诺型与愿景型；应区别认识、对待这两种 OKR：

承诺型 OKR 是我们一致认同必须达成的目标，为确保目标交付，我们甘愿调整时间表和资源配置。

承诺型 OKR 的期望分值是 1.0。实际得分低于 1.0，说明在计划或执行中存在失误，必须做出解释。

相反，愿景型 OKR 代表我们理想中的状态，尽管我们可能还没有明确的路径或必要的资源去实现。

愿景型 OKR 的平均期望分值是 0.7，并且伴随着较高的标准偏差[①]。

四、管理者责任

管理者的核心责任是聚焦公司级 OKR，带领团队成员创建本部门的 OKR，对齐 OKR，持续不断带领团队成功。

管理者持续传播 OKR 理念，使员工能够清晰理解并接受 OKR，清除实现目标过程中的各种障碍。

管理者需要对寻找到合适的人才，及时沟通、反馈和认可员工的贡献，并运用 OKR 来持续帮助员工取得巨大的成功。

五、员工责任

员工围绕公司级 OKR，主动设立并对齐 OKR，每一个 OKR 都是对公司有价值的。

员工根据个人 OKR，采取积极措施，不惧困难，艰苦奋斗，达成关键

[①] "标准偏差"是统计术语，"高标准偏差"意味着，统观全部愿景型 OKR，实际达成情况差异很大，不是"大多数愿景型 OKR 得分都在 0.7 上下"，而是"会有很多愿景型 OKR 远远高于 0.7，也会有很多远远低于 0.7"。

结果。

员工都有责任以开放的心态学习新的 OKR 知识和优秀实践经验，持续地挑战新的目标。

六、推行 OKR

（一）OKR 的四个阶段

我们在试点期间按照月度周期来实施我们的 OKR，并在实践中找到最适合自己的节奏。我们的 OKR 包括四个阶段：OKR 创建、OKR 对齐、OKR 回顾和 OKR 评价。

（1）OKR 创建：我们每个月将由公司主管级以上领导和核心员工一同研讨，确定我们公司下一个月的 OKR 并公布给全员，然后全员围绕公司 OKR 来制定各自团队或个人的 OKR，这个过程需要充分的碰撞和沟通，确保我们做的都是对公司最重要的。

（2）OKR 对齐：我们需要深刻理解只有团队才能确保我们持续前行，相互对齐后 OKR 将全员公布。

（3）OKR 回顾：每周一我们将对 OKR 进行回顾，分享我们在过去一周的进展，以及未来一周的任务计划，需要哪些支持，并且调整我们的信心值。

（4）OKR 评价：月度结束后我们将对我们这个月的 OKR 实施情况进行评价，以完成度、困难度和努力度为标准。评价的结果不是我们的目的，我们的目的是持续不断地提高我们的能力，实现目标。

（二）OKR 的四个会议

为了确保 OKR 的四个阶段能够得到高效的执行，我们各层级管理干部需要组织大家召开四种类型的会议，包括：圆桌会议来创建 OKR、共识会议来对齐 OKR、回顾会议来跟踪 OKR 和复盘会议来评价总结 OKR。

七、解读和执行 OKR

（一）承诺型 OKR

承诺型 OKR 的交付标准为 1.0，团队应将其设为最高优先级，按时交付。

不能按 1.0 标准及时交付承诺型 OKR 的团队，必须迅速将问题升级给上级领导。这不仅是应该做的，更是必须做的。不管是由于对 OKR 设定或优先级存在分歧，还是时间、人力、资源不足，将问题升级都是好的选择。这可以使团队管理者开发更多的解决方案，化解冲突。

新的 OKR 必然会需要在某种程度上将问题升级，因为其改变了团队职责和工作优先级。不需要团队做出改变的 OKR 是"一如既往型 OKR"，即使它以前没有被明确记录。

没能按 1.0 标准及时交付的承诺型 OKR，团队需要做事后检讨和复盘。这不是为了惩罚团队，而是为了让团队意识到在计划和执行中的不足，进而提高能力，确保后续的圆满交付。

（二）愿景型 OKR

愿景型 OKR 需要超出团队当前的执行能力。团队成员应了解 OKR 的优先级：在达成承诺型 OKR 之后，还应将剩余时间用在什么地方？总体而言，应该首先完成更高优先级的 OKR。

愿景型 OKR 及其相关优先事项应保留在团队的优先列表中，直至完成；必要时，可以将它们从一个周期带到下一个周期。因进展缓慢而放弃愿景型 OKR 是错误的，因为这会掩盖一些固有问题，如：优先级的错乱、愿景型 OKR 未能获得资源、对问题/解决方案的理解不够。

如果一个团队比另一个团队更有能力和精力去达成一个愿景型 OKR，那么将该愿景型 OKR 转移到前者是适宜的。

团队管理者应每 4 周评估一次愿景型 OKR 所需资源，并提出申请；让决策者了解资源需求，是团队管理者的职责。但这并不意味着团队管理者应该获得全部所需资源，除非其愿景型 OKR 享有在公司达成承诺型 OKR 之后的最高优先级。

八、制定 OKR 的常见陷阱

（一）陷阱 1：不能正确区分承诺型与愿景型 OKR

将承诺型 OKR 设定为愿景型，会增加失败的风险。团队可能不会重视它，也可能不会改变其他工作的优先顺序去专注于该 OKR 的达成。

另一方面，将愿景型 OKR 设定为承诺型，对于无法找到实现路径的团队，会引发防御心理；还会导致团队 OKR 优先级的反转：将本应致力于承诺型 OKR 的人力配置到愿景型 OKR。

（二）陷阱 2：一如既往型 OKR

"在不改变任何现状的情况下就能达成"的 OKR，不是团队或客户真正想要的结果。

（三）陷阱 3：畏首畏尾的愿景型 OKR

从现状出发，愿景型 OKR 应有效回答："如果我们有更多的人力和一点点好运气，我们能做到什么？"或者另一个更好的问题："如果能摆脱大多数限制条件，几年以后，我们（或我们的客户）的理想处境是什么样的？"

在愿景型 OKR 设定之初，你并不知道如何达成——这也是为什么称其为"愿景型"。但是，如果不能理解并清晰表达你所渴望的最终结果，你就注定无法实现它。

什么是你的客户真正想要的？你的愿景型 OKR 能够满足或超越客户的需求吗？

（四）陷阱 4：负重前行

承诺型 OKR 应该消耗一个团队的大部分、但不是全部资源。而一个团队的承诺型 + 愿景型 OKR 的所需资源应超过团队能够获得的资源（如果没有超过，说明该团队的愿景型 OKR 实际是承诺型）。

如果一个团队不需要利用全部成员/预算就能完成全部OKR，说明他们要么囤积了资源，要么没有设定挑战的目标，或者二者兼有。这意味着高层管理者应将人员和资源分配至那些更能有效利用他们的团队。

（五）陷阱5：低价值目标（无人在意的OKR）

OKR必须体现明确的商业价值，否则不应为之浪费资源。低价值目标即使完全实现，也无人在意。

在合理情况下，OKR是否会在没有提供终端用户价值或经济价值的情况下得分达到1.0？如果是，应聚焦具体可见的价值，重新定义OKR。

（六）陷阱6：承诺型目标（O）的关键成果（KR）不充分

OKR包括期望产出（即目标O）和获得产出所需要的可衡量标志（即关键成果KR）。关键在于KR的设定：全部KR的得分为1.0，则O的得分为1.0。

在这里就有了一个常见的陷阱：KR是O的"必要但非充分"条件。这一错误很有"诱惑力"，因为可以逃避有难度的承诺型O、逃避交付"硬核"KR。这一陷阱尤其有害，因为这会延误发现问题、解决问题的时机，使人们无法及时发现完成目标所需的资源，无法及时发现目标不能按时完成。

在所有KR都实现得分1.0的情况下，是否有可能仍无法实现目标？如果是，应增加或重新设定KR，确保"达成全部KR"是"达成O"的"必要且充分条件"。

九、一些简单的OKR制定标准

如果在5分钟之内写出全部OKR，它们通常不够好，可以再想想。

如果目标的描述超过一行，它可能不够精炼。

如果你的KR是用团队内部语言表述的（如：发布招聘系统4.1），它们通常不够好。因为重要的不是发布，而是其影响。更好的表述是"通过发布招聘系统，将登录量提高25%"，或者简单表述为："将登录量提高25%"。

使用真实的截止日期。如果每个 KR 的截止日期都是季度最后一天，你可能没有真正做计划。

确保你的 KR 在每季度末都能以客观的标准衡量。"提高招聘到岗率"不是好的 KR，更好的表述是"在 5 月 1 日前将日招聘到岗率提高 25%"。

确保衡量标准没有歧义。如"1 千万份简历"是指全部简历还是有效简历？

如果团队中有重要活动（或完成目标必不可少的一部分）没有包含在 OKR 中，请添加进去，或者已经制定的 KR 已经无法强有力地支持目标的实现，你可以随时将其中止。

对于较大的团队，需要对 OKR 逐层分解——整个团队需制定高层级的 OKR，每个子团队制定更详细的 OKR。确保每个子团队中都有能够支撑"横向"（需多个团队做出贡献的项目）的 KR。

案例五：科大智联总经理钟智敏：我们为什么推行 OKR

总体来说，OKR 工具的引入，将帮助公司实践"人人都带发动机（自驱力）、人人都装 CPU（决策力）"的人才发展理念；从长期来看，还能够打破过去以部门为单位来分工及管理资源的限制，逐步形成更加开放和灵活的组织架构。

——科大智联总经理钟智敏

近来，为有效应对组织规模扩大带来的人员管理变化，帮助各部门对齐目标，科大智联开始引入 OKR 帮助公司实现高效运转。

一、理解 OKR

OKR 基于员工的自我管理达成组织的协同与目标实现，是面向未来的组织工具，它与公司的人才发展理念高度吻合，能够解决我们当前经营中存在的一些实际问题。因此，经过一段时间的策划，2020 年 9 月，科大智联把推行 OKR 当作一项重要的专项工作。

OKR 非常重要但并不复杂，科大智联总经理钟智敏认为 OKR 简单来说就是三个要素，即：重点目标 +（达成目标的行动 + 能够衡量的结果）。

1. 明确而聚焦的目标

OKR 拒绝过多目标。组织的资源是有限的，OKR 要求大家从长远出发，将工作目标进行排序，舍弃不够重要的目标，将目光和努力聚焦于当前最重要的目标上，努力保障最重要的目标得到足够多的投入。

OKR 通过个人的目标与上下左右对齐，保障了组织目标的一致性。OKR 要求大家明确地定义目标，并采用对齐这个流程作为手段，确保上下级对目标的理解是一致的，也确保下级目标有效支撑上级目标。

OKR 的目标是经过共识且透明的，这提升了员工对目标的承诺。OKR 改变了上级提出目标和任务、下级被动接受的目标制订过程，要求员工首先自行制订具有挑战性的目标，再进行目标对齐，对齐的过程也是双向的，促使上下级形成共识，员工不再是被迫接受目标而是主动制定目标，体现出员工的自主性。形成共识的过程表面看是影响了效率，但一旦形成共识，也就形成了承诺，从这是上级安排的事情变成了这是我自己认同并为之努力的事情。从最终结果来说，有效提升了效率。

2. 清晰的、能达成目标的行动

OKR 不仅仅要求明确目标，还要求将目标分解为策略与行动，促使员工在开展工作前深入思考为达成目标需要采取哪些行动，以及这些行动是否足以支撑目标的达成。这既提高了目标的可实现性，也提高了员工对工作的思考力，员工不再只是执行任务的工具人，而是具有自主决策能力的个体，他们可以基于自己对目标的理解调整实现目标的方式。这既是培养员工思考和决策能力的方法，也可以让具有这些能力的员工脱颖而出。

3. 能够准确衡量的结果

OKR 要求对目标达成程度有清晰明确的标准。并非所有的目标都能够直接给予精确的衡量，这就给评估目标达成情况造成了困难，OKR 的做法是将目标分解、转化为可衡量的关键结果，通过衡量这些结果是否达成来间接衡量目标的达成情况，确保所有目标的达成情况都具有客观的、可被直接衡量的标准。

4. OKR 提供了员工自我评价以及外部评价的统一框架

为了鼓励员工设立挑战性的目标，OKR 强调它不是绩效考核工具，但 OKR 确实明确定义了可以以什么样的方法衡量一个人的工作表现，这就为员工评价自己的工作以及上级评价下属的工作，建立了简明清晰、易于衡量的框架。这个框架是由员工亲自参与制订的，哪些目标重要、哪些目标次要、如何衡量目标完成得好与不好，在工作开展之前便已在上下级之间形成共识，这就为上下级之间回顾工作建立了共同的语境，让员工得到更加明确、客观和更具建设性的反馈。

总体来说，OKR工具的引入，将帮助公司实践"人人都带发动机（自驱力）、人人都装CPU（决策力）"的人才发展理念；从长期来看，还能够打破过去以部门为单位来分工及管理资源的限制，逐步形成更加开放和灵活的组织架构。

二、OKR的挑战

虽然对OKR有了清晰的理解，但对公司而言，实施好OKR并不是一件容易的事情。需要全体员工的努力，更需要公司各级领导者们创造良好的文化环境。科大智联在推行OKR过程中也面临了挑战，钟智敏认为正是这些挑战指明了科大智联未来组织建设的方向。

1. 对员工的挑战

OKR要求自驱型员工。OKR不允许只是列出任务，更不欢迎日常事务，而是要求员工自行制订挑战性目标，并主动规划如何达成目标。被动等待安排，或不愿挑战自己的员工，无法运用好OKR这个工具，只会将它视为负担（事实上也确实会成为他们的负担），只有寻求挑战、注重优化工作方法和提升自己的同事，才能将它用作在工作中自我管理的利器。

掌握OKR的方法有一定难度，需要大家不断学习和尝试，并在实践当中持续优化。制订OKR就是对工作深度思考的过程，思考需要采取什么样的行动来达成目标、资源是否足够、需要哪些同事与自己协同等等。能不能制订好OKR，也能够从一个侧面反映出员工的工作能力。

2. 对企业文化的挑战

OKR充分尊重和激发员工自主性，并激励员工乐于挑战。这需要清晰明确的沟通方式，一切目标都应有清晰明确的定义，一切成果都需要可衡量的标准，这要求公司内部形成简单直接、精确表达的习惯，避免含糊不清或似是而非，力求任何沟通都形成清晰明确、没有歧义的结论，只有这样才知道到底应该如何行动。

需要打造透明自由的信息环境。OKR既是目标管理工具也是内部协同工具，充分的协同需要围绕目标建立共识，也需要高效沟通和快速决策，前提是每个人在决策和行动前得到充分的信息，这就需要打破层级、部门等组织的结构对信息的控制和束缚，并积极应用先进的信息化工具，让信息在公司内自由顺畅地流动起来，让信息在需要时"触手可及"。

3. 对领导者的挑战

OKR 既需要充分发挥和尊重员工的自主性，又需要保障组织目标的一致性，这些目标的实现依赖于领导者的新型领导力，即聆听和启发员工。OKR 要求发挥员工自主性，领导者不应代替员工思考，更不可压制员工思考。要认真对待员工的想法，让员工有充分表达自己想法的机会，即使认为员工想法不对，也应与其认真讨论，在使员工感受到自主性得到尊重的前提下指导他的工作。改革初期，有不少员工还没有适应这样的工作方式，在思考能力上也还有所欠缺，这就需要领导者有一定的耐心，并特别注意沟通的方式，人才的培养是一个需要投入和坚持的过程，同事的成长证明这是完全值得的。

注重事实，真诚沟通，OKR 需要通过建立共识而非命令或分派来实现对齐，这就需要领导者将观点建立在客观可见的事实和坚实的逻辑上，真诚地与员工对话和沟通，以理服人，不依赖职务权威，不以权压人，使员工在理解和认同的基础上展开行动。

在 OKR 反复对齐的过程中，总会发生认识不一致的情况，需要对差异和分歧给予一定的包容。领导者们需要认识到，有不同意见是正常的，要避免将不同意见视作是对自己的否定或对权威的挑战，通过心平气和的沟通来解决分歧，并支持员工在保障目标的前提下有自己的做法，支持员工创造性地完成自己的工作。

提升非职务影响力，亦即真正的领导力。OKR 鼓励突破正式的组织架构定义工作目标并开展协作，这意味着每位员工都可能成为领导者，并承担领导者的责任。如何在没有正式的组织任命的情况下有效地协调资源完成目标？这就需要锻炼和提升自己的领导力，而非依靠组织任命。

应对好这些挑战，也许正是我们推行 OKR 的最大的意义。

案例六：中化环境：美丽中国有我中化，OKR 打造管理驾驶舱

今年公司试行 OKR，实质上是希望领导干部们善于抓住公司发展的关键点，提升管理的关键点。让 OKR 改变大家的日常思维，通过日常的行为来提升关键岗位的能力。

——中化环境总经理崔焱

一、组织扩张迅速，领导力发展迫在眉睫

废水处理、固废处理、土壤修复……每涉及一个细分环保领域，都需要对口的技术专家和技能人员。从创业之初的几十人到现在的数百人，中化环境不仅经历了组织规模的激增，人员构成也越发复杂：有人是废水处理专家，有人是固废处理专家；有人从集团内部调转，有人从民营企业跳槽过来……不同的专业技能、不同的企业背景、不同的工作习惯，各具特色的人在一个组织里协作、碰撞，对管理提出了很大的挑战。

此外，业务负责人的管理能力也有不小的提升空间。"有些人是很好的独立贡献者，但成为管理者后，由于对工作重点想得不够清楚，导致行动发生偏差，推进工作很辛苦但成效一般。"

中化环境总经理助理刘国鹏在访谈中曾提及麦肯锡的"30 秒电梯测验"，即员工可以在乘电梯的 30 秒内向客户解释清楚麦肯锡的解决方案。他希望公司的管理者也能像麦肯锡的员工一样，有提纲挈领的工作汇报能力。更重要的是，能在业务上想清楚，抓重点，抓核心。

抓重点、抓核心的管理诉求与 OKR 的理念不谋而合。作为一套协助组织进行目标管理的方法，OKR 旨在促进员工紧密协作，确保组织上下目标一致，把精力聚焦在最重要的事项上。

中化环境总经理崔焱拥有多年丰富的业务经验和管理经验，从大集团内的一个创新业务开始，从 0 到 1 孵化出环境事业。同时崔焱曾任中化集团人力负责人，是一位复合型、具有多元视角的管理者。

2020 年 12 月 6 日，崔焱在公司关键岗位培训班上首次提出在公司试点 OKR，希望领导干部们勇于超越自我，追求高目标，抓住公司发展的关键点，提升管理的效率，让 OKR 成为所有员工的日常思维并付诸实践，来提升关键岗位的能力，让中化环境快速实现业务突破和能力提升。

确定引入 OKR 后，中化环境的关键岗位纷纷研读学习 OKR 相关书籍，并通过"晨间 60 秒"OKR 专题分享活动发表自己的学习心得，向员工布道 OKR 管理实践以及它对公司发展的助益。

中化环境副总经理张传提到，OKR 采用创新突破方式，来获得企业持续增长的战略执行机制，是推动组织持续挑战卓越目标的管理框架。

"什么机会将会对企业和我所在的部门的绩效与成果产生最大影响——是我们必须要认真思考的问题！各职能部门、各业务单元在确定 OKR 时，首先必须理解公司的总 OKR，了解公司领导人最为关注、重视的目标是什么，进而确定本单位的分 OKR。"

中化环境副总经理李兵提到，OKR 非常适合中化环境这样的组织。一方面，OKR 使团队产生更好的协作关系，可以更好地支持一个项目；另一方面，每个项目可以自定义节奏，通过 OKR 灵活地适应变化，找到前进的最优解。

"我们可以把每一个研发项目，每一个设计项目，每一个 EPC 项目都作为 OKR 应用的场景，随着项目的结束和开始，日复一日年复一年地持续反复使用 OKR，从而把精力聚焦在最重要的事情上，达成每一个战略目标。"

二、OKR 的落地之旅

使用 OKR 后，各个试点团队慢慢培养起了抓重点的意识。例如，团队成员在复盘工作时，意识到自己的工作和 OKR 是有偏差的。

通过定期的跟进和复盘，OKR 能够促使员工思考，审视自己的努力方向是否和团队目标是一致的，及时纠偏。经过前期的学习和调研，中化环境还了解到，OKR 落地的前提是信息的公开透明。无论是纵向的管理，还是横向的协作，都要以共享的信息为基础，需要在线化工具的支撑。

2021 年 4 月 12 日，中化环境引入了 OKR，并用到了部分公司一年一度的战略研讨会上。

首先，集合公司高管召开 OKR 工作坊，总经理崔焱在飞书内上线自己的 OKR，再@存量业务和增量业务的负责人，将管理层的 OKR 对齐。

会后，OKR 推广大使组织各业务中心内部开 OKR 对齐会，分别解读团队负责人和员工的 OKR，并通过示范示例指导 O 和 KR 书写规范，帮助团队成员制定、复盘和相互点评 OKR。

中化环境人力资源副总经理张皙表示，OKR 在组织内建立了一个信息传导的过程。使用 OKR 之前，目标定完了就束之高阁，大家在执行过程中谁也看不见谁。现在使用了 OKR，组织内形成了一张全局的 OKR 对齐视图，目标的制定、对齐、跟进、复盘清晰可见。

"在这里，每个人都能看到目标是如何层层分解的。这样，基层员工定目标就不迷茫，就能明白：我做的这件事在公司的价值网中处于哪个点，我和别人的协作关系是什么。"

不仅战略研讨会，周会中也有 OKR 的身影。中化环境的人力资源部正在试点，围绕团队负责人的 OKR 开周会，重点讨论 OKR 进度、问题与风险。

借助飞书 OKR 的"填写进展"功能，员工可以把自己的每一条 O 和 KR 的进度记录下来，说明进度超前、滞后或有延后风险的原因，并阐释自己的下一步计划，或调整 OKR，或调整工作方法，并将调整通知相关方，重新对齐。

人力资源部的小伙伴纷纷表示，用 OKR 开周会后，整个会议议程条理清晰，大家的进展和卡点一目了然。周会内容有了沉淀，待办事项有了责任人，会议效率得到极大提升。

三、OKR，赋能传统行业创新

在硅谷起飞的 OKR，被不少人认为是互联网高科技企业的专利。但实际上，OKR 已经走出互联网，以我们想不到的方式影响着我们。

比如，我们脚踩的土地，每增厚 1 厘米需要 1000 年，但是被污染只需一根工厂的管道。现在，国内最大的化工集团正在修复我们脚下的土地，而 OKR 正在帮助它把这件事情做得更好。

崔焱表示，中化环境积极响应国家的"十四五"规划，公司五年的战略不仅包含水土固气的治理，还将围绕绿色化工拓展更多的业务范围，保障提升集团主业、促进绿色低碳发展、助力美丽中国建设。这些美好的愿景需要落实到具体的人、具体的工作场景、具体的管理动作。只有经历反复的练习才能形成组织的肌肉记忆，助力组织更好地向前奔跑。

先进的工具会支持企业的创新发展，充足的信息是开展正确决策的前提。中化环境已在实践 OKR 的路上，步伐日益稳健。

从走出互联网的刹那起，OKR 才算是有了生命力。它需要赋能传统行业，在人们看得见的地方生根，才能成为数字化时代的基础设施。

想象一种未来，最激动人心的创新故事，不再来自一线城市的商圈，而是来自撒在荒野上的一粒种子。因为从埋入土壤的刹那起，它便注满了那个时代的原力。

我们期待那样的时代，创新以我们看得见的方式，在我们看得见的地方，一层一层地冒出来。

案例七：布鲁可：用 OKR 找到管理节奏，做中国原创积木引领者

我们好多负责人是业务出身，不是很擅长管理。OKR 帮我们找到了团队管理的节奏。

——布鲁可积木总裁盛晓峰

一、乐高的挑战者

一提到积木，大家自然会想到乐高。可爱的迷你人型、斑斓的城堡、酷炫的飞船……乐高是那个做给所有人的玩具。不过，这个 89 岁的国际品牌，在中国有了挑战者。

布鲁可是一家成立于 2014 年的儿童积木品牌。2020 年，布鲁可位列天猫"双 11"积木品牌榜的第二名，仅次于乐高。

它的增长曲线是陡峭的：在主播薇娅的直播间，布鲁可的 15000 套积木桶 1 秒售罄。2020 年，布鲁可销售额达到 4 亿元，同比增长 232%，复购率是 50%。

有了儿童积木，还能去做衍生动画、教育软件、启蒙课程。布鲁可的业务和组织架构日益丰富了起来。

"组织大了，信息就容易不对称。好多员工不知道，我做的事到底跟公司的大目标有没有关系。"布鲁可积木总裁盛晓峰说道。

对于国货积木品牌，面对乐高这样的竞争者，创意是生存之道。"品牌建设就像登珠穆朗玛峰，悬崖峭壁的北坡已有巨头林立，要想成为消费者认可的玩具巨头品牌，只有一个可能，就是选择绕到南坡，或许还有一线生机。"

2021 年，布鲁可仍在爬坡，不过前行的路上多了一个指南针。

二、让组织拥有肌肉记忆

2021年初，布鲁可引入了一个目标管理工具：OKR。"公司不大的时候，还能靠人工管理。现在，必须要有一个系统化的管理工具。"布鲁可积木总裁盛晓峰表示，用OKR是为了公司全员有目标感，做事不迷茫。

在OKR的推广上，布鲁可颇费力气。组织管理的提升，需要的是合力。布鲁可一开始就设置了"OKR铁三角体系"，部门/业务负责人、HR、推广大使三方合力，一起推着OKR往前走：部门负责人是本部门OKR的负责人，推广大使负责OKR在本部门的推动与落地，HR给予专业指导和支持。

同时，推广大使还将各部门的OKR填写率、对齐率汇聚到一张表单里，定期在群里晒一晒，督促大家养成OKR使用习惯，如图例7-1所示。

序号	推广大使	对应HRBP	2021年Q2 填写率	2021年Q2 对齐率	Q1OKR分享	Q2OKR分享
1	冲田	嗳嗳	掉乐	100.0%	100.0%	★★	★★
2	托马	小埋	掉乐	96.5%	94.7%	★★	★★
3	雷恩	胡图图	掉乐	100.0%	100.0%	★	★
4	朱迪	安娜	掉乐	100.0%	100.0%	★	★
5	小董	/	掉乐	75.0%	75.0%		
6	雷利	丁丁	墨霜	72.7%	63.6%	★★	
7	萨利文	/	墨霜	78.9%	52.6%	★	★
8	杰瑞	麦奇	墨霜	93.0%	88.4%		
9	埃莉诺	刀疤兔	墨霜	100.0%	92.3%		
10	海绵	米罗	布尔玛	84.4%	62.5%	★	
11	小白	一休	布尔玛	90.9%	81.8%	★★	
12	阿慕达	千寻	布尔玛	100.0%	100.0%	★★★	★★
13	艾瑞斯	奥利弗	布尔玛	94.7%	94.7%	★★	
14	仙道	/	布尔玛	100.0%	100.0%	★	
15	瑞彤	彼得潘	露娜	100.0%	96.9%		
16	嘟嘟	睦实	露娜	100.0%	100.0%		
17	九月	扎基	露娜	97.5%	97.5%		
18	不二	雪兔	露娜	85.7%	85.7%		
19	金闪闪	/	布尔玛	100.0%	100.0%	★★	
20	沙加	/	布尔玛	100.0%	100.0%	★★	
21	红孩儿	/	布尔玛	100.0%	93.3%	★★	
22	黛金	一弹	布尔玛	83.3%	83.3%		
	合计			91.6%	85.9%		

图例7-1 2021年Q2的OKR

推进得越久，员工的主动性也越强。初期的推广大使多是高层指派，慢慢地，更多的人主动报名。目前，布鲁可近50%的推广大使都是自发报名的员工。不少公司的 OKR 越推越力不从心，员工越来越没积极性，为什么？因为 OKR 和日常工作没联系起来，彼此割裂。工作已经够忙了，日报和周报都应付不过来，哪里有心思再单独写 OKR 进展？

其实，OKR 完全可以和日报、周报等日常工作融在一起，帮助员工梳理得失，不断进阶。

比如，布鲁可在 OKR 管理中加上了 A（Action，行动），即支撑 KR 的可落地动作。A 就是写在日报和周报的内容，定期记录，日常反思，来支撑更上层的 OKR，如图例 7-2 所示。

图例 7-2　OKR-A 管理

工具上，布鲁可选择了飞书 OKR，完成了 OKR 的导入和推广，让公司全员把 OKR 用了起来。

慢慢地，OKR 成为组织的肌肉记忆。

布鲁可积木总裁盛晓峰表示，公司已经摸索出了一套 OKR 复盘模式：召集所有核心骨干，花 1~2 天时间总结上一个季度的亮点和问题，思考下一个季度的增长和创新策略，定出公司级 OKR。接着，各部门负责人带着自己团队，花两周定下每个人的 OKR，第一周内部讨论，第二周高管会到各个团队沟通，提建议，理清策略和风险，确保资源能到位。

接着，大家就围绕 OKR 去跑，跑了一个月再来复盘：进展是否顺利？OKR 是否需要调整？

"拿 KA（关键客户）销售举例，销售团队跑了一个月就应该想想，按照当初的策略，能不能完成预期的指标？如果达不到，该去找哪些机会点？"

再复盘，再思考，再明确方向，然后跑季度里的剩下两个月。等到季度结束，复盘一个季度的 OKR，制定下个季度的 OKR。以此为基础，周而复始。

"我们好多负责人是业务出身，不是很擅长管理。OKR 帮我们找到了团队管理的节奏。"

三、会思考的智能组织

有这样一个传奇建筑，麻省理工 20 号楼。这是一座二战时期仅用半天建成的临时建筑，却诞生了 9 位诺贝尔奖获得者。一项又一项科研成果在这里陆续诞生：世界上第一个商业原子钟、第一个粒子加速器，还有那张著名的子弹穿过苹果的定格摄影照片。

这座楼背后有着怎样的奥秘？设计上，20 号楼毫无规律，人们在内部常常迷路，因此更容易相遇，能彼此深入交流；空间上，20 号楼相当灵活，要想牵一根电线到另一个实验室，直接用螺丝刀在墙上凿个洞就行。

这大概是世界上最早的"联合办公"。人与人，因为更灵活的联结、交互，迸发出惊人的创造力。

今天，优秀的组织也在探索更灵活的个体联结、更丰富的个体实现。终极目的，是释放个体的创造力，进而转化为组织的创造力。

比如 OKR 的撰写，有人能从不同的角度思考问题。布鲁可 OKR 推广大使沙加举例，一位产品经理的 OKR 写得有新意，最后被推为组织的标杆。别的产品经理，OKR 都是"保证产品上线"，这位产品经理，OKR 关注的是产品的美学和表现力。"别人只是在完成任务，而他在思考我们的产品如何能从众多积木玩具中脱颖而出。"

四、积木玩具的创新与复盘

乐高的小人偶和小颗粒积木已经深入人心，无论是老友记、冰雪奇缘还是西游记，都可以汇入乐高的王国里，以它的语言来编码、演绎。

前辈竖起的高山摆在眼前，国产积木品牌想破局，也必须创造有记忆点的形象。不仅是产品，营销也要下功夫。

布鲁可积木总裁盛晓峰提及，曾在OKR复盘时发现了一个很好的营销案例：一位经销商开了一家母婴店，急需客流，恰好店主的孩子是布鲁可的粉丝。于是，店主想了一个主意，周末在店里办一个积木拼搭比赛，邀请家长带孩子过来玩。由此，既带动了布鲁可产品的销量，也给自家母婴店引来了客流。

后来，布鲁可尝试把"母婴店＋积木拼搭比赛"的营销方式推广，取得了不错的效果。成功的案例复制，很大一部分来自"及时复盘"和"信息透明"。

在系统支持下，当复盘变得制度化，原先不习惯做总结的，不好意思做分享的，都自然而然养成了新习惯，不再需要领导绞尽脑汁想办法，员工自己就能发现最好的实践，发现有些人为何闪光。

"我们员工现在写日报、周报，我都鼓励他们，不仅写刚性的数字、指标，把自己的心得体会也写下来。等到做复盘的时候，这些素材都是有价值的。"布鲁可教育总裁黄政总结道。

五、结语

《重新定义公司》一书阐述了这样一个核心观点：未来企业的成功之道，是聚集一群聪明的创意精英，营造合适的氛围和支持环境，充分发挥他们的创造力，快速感知客户的需求，愉快地创造相应的产品和服务。

布鲁可正是一个拥抱创意的企业。走进这家公司的总部办公室，你甚至不觉得自己是在一栋写字楼，更像是在一家玩具卖场。办公桌就是员工的"灵感沙盘"：旋转餐厅、火箭、汽车、城堡……甚至还有人用积木零件拼出了西游记的唐僧、猪八戒和孙悟空。

案例八：多点 Dmall：拥抱变化，打造面向未来的组织引擎

没有人能够左右变化，却可以走在变化之前。身处高速发展中的多点，走出管理舒适圈，通过 OKR 升级企业管理方式，推进开放、灵活的管理模式，将持续地赋能组织并激发创新。正是基于对 OKR 的积极实践，多点得以在拥抱变化中，坚守"让生活多点新鲜"的企业使命！

——多点总裁张峰

动荡时代最大的危险不是动荡本身，而是仍然用过去的逻辑做事。

——彼得·德鲁克

从工业化时代走到数字化时代，当供不应求变为供大于求，当黑天鹅事件逐渐成为新常态……外部环境的复杂性和不确定性驱动着无数组织往更加弹性、灵活、有创造力的方向发展。多点作为数字零售解决方案提供商的领跑者，在数字化转型的赛道上，通过 OKR 打通了自身管理痛点，高效引领发展未来。

一、加速前进的道路上，管理方式亟待升级

多点致力于成为全球领先的生鲜快消数字零售平台。在"用户至上、开放合作、诚信勤奋、持续创新"的价值观引导下，多点在新消费领域不断深耕，成为最具影响力的创新企业之一。但在业务加速增长、组织加速扩张之际，多点迎来了新的发展难题。

1. 缺乏主动性，难以自驱

多点在团队发展壮大到 1000 人之后，需要持续驱动员工，把具备挑战性

的目标和工作关联起来。很多员工主动性不足，难以自驱，无法真正形成认同感并产生自驱力。

2. 组织架构复杂，协同困难

多点总裁张峰坦言："部门墙打破速度很慢，新人融入新环境也很难"。组织规模达到一定程度后，部门分工细化，跨部门沟通困难、耗时又长。

此外，随着上下游协作角色变多，纵向目标也难以对齐，高层与基层员工的步调不统一，而横向的部门间协同效果也不好，很难做到利出一孔。

3. 创新业务增长，KPI 不再满足现状需求

多点在发展中增加了许多创新业务，旧有的 KPI 考核方式已经不能完全契合业务和管理实际。在意识到公司组织结构的问题之后，多点总裁张峰接触了 OKR，理解并认同 OKR 的理念与价值。他希望通过 OKR 帮助多点走出管理困境，实现自身管理方式的转型升级。

二、"魄力+执行力"全员推进，打造最佳实践标杆

多点在全员落地实践 OKR 的过程中，通过六大循序渐进的推进步骤，树立了"领导以身作则、全员勇于尝试、持续学习"的实践标杆。

Step1：理论学习与考试

多点要求公司全员集中学习 OKR 培训视频，组织 OKR 系列考试，要求全员通过考试，并针对扣分题展开讨论。通过理论学习与考试的方式，多点加速实现 OKR 落地的第一步——掌握理论知识。

Step2：全员撰写 OKR

在理论学习的基础上，多点鼓励全员尝试撰写 OKR。虽然员工在 OKR 的撰写规范性上还有待提升，但是对于多点全员而言，这只是第一次尝试，重点在于驱动员工自发地思考目标如何设置。

Step3：目标对齐

OKR 推广大使组织了不低于 5 次的 OKR 对齐会，分别解读一级部门和二级部门负责人的 OKR；部门领导以身作则，带头写出自己的 OKR 并做公示和讲解，让成员充分理解团队的 OKR，通过示范示例指导 O 和 KR 书写规范，

帮助团队成员制定、复盘，相互点评 OKR。

Step4：持续学习

多点在公司设置了"OKR 推广大使"，他们定期将 OKR 学习资料分享给团队成员，持续加深其对 OKR 理念的理解，及时收集 OKR 实施中遇到的问题，并反馈 HRBP 寻求支援。

Step5：OKR 与周会结合

每周以飞阅会形式，围绕团队 Leader 的 OKR 开周会，重点讨论 OKR 进度、问题与风险，对于没有在 OKR 文档中更新内容的同学，邀请其在会上复盘个人 OKR，鼓励员工主动写 OKR，并帮他们在回顾过程中提升更多工作技能。

Step6：进度及时跟进

OKR 大使在公司带头示范撰写并实践 OKR，并在实践过程中指导、督促全员更新 OKR 进度。

打破部门墙：跨部门目标对齐，朝一致的方向前进，在 OKR 的推行实践中，多点发现，大家往往更多关注部门内上下对齐 OKR，而忽略了跨部门的目标对齐。

以产品经理为例，他的工作范围，不仅仅是在自己的部门内，在项目制下，会需要和设计、研发、人事、资源等多个部门进行合作。但实际上，各个团队都有自己的目标和工作规划，在其他部门需要支持时，很难同时配合调整。同时，在跨部门合作中，各部门的边界不清晰，往往会有工作交叉的地带，而各部门亦有自己的立场和任务。因此，在目标落地的时候，会面临很多较难协调的情况，处理不好可能会导致项目落入停滞的困境。

OKR 一直强调目标一致，公开透明，这有助于打破部门的信息壁垒，提高团队协同效率，通过部门内部上下的对齐和跨部门横向的对齐，帮助大家在周期前就明确工作中需要彼此协调和配合的部分，通过对齐把握不同部门间、部门内部及个人工作的进度、方向。

近期多点以某业务团队为中心，联动其他相关合作部门，召开了一场跨部门 OKR 对齐的试点会议，在对齐的过程中暴露出了大家在重点目标的确认、时间节点把控、任务输出结果等多方面的问题，最终大家协调一致，并达成了 OKR 的对齐。

而这一次对齐会的成功也让大家意犹未尽，公司进而决定扩大范围，邀请了产研、多点大学、财务等多个部门，展开了更大范围的第二次对齐会，分别在北京、成都等多个会场同步展开，围绕重点目标，根据业务、实施、产研、多点大学、财务、人力各自的 OKR 展开讨论和对齐，各部门协同一致取得了良好的成果。

三、敏捷转型洞见未来，驭势而上的组织变革

从 2020 年 8 月 1 日起，多点整体开始正式启动 OKR 项目，通过一个周期的 OKR 实践后，多点主要解决了目标透明的问题，实现从下至上问题上浮、资源争取，驱动员工自驱和创造的发展趋势：

1. 团队对组织目标更清晰

对于多点这类快速增长的创新企业，需要更透明的机制去降低沟通成本，团队成员之间通过查看 OKR 以及 OKR 对齐视图，可以非常清楚新业务的发展目标，做得更好。

2. 员工自驱性提升

告别"要我做"，转变为"我要做"。多点员工可以获取团队、二级部门、一级部门、公司目标与重点项目的一手信息，工作更带劲。OKR 的包容性与试错性，最终唤醒员工心中的雄狮，激励员工不断自驱。

3. 灵活的创新空间

与 KPI 不同的是，OKR 起作用的环节在绩效考核之前，它的作用是驱动组织产出优秀绩效。OKR 和绩效考核脱钩，允许试错，鼓励员工制定激进的、充满挑战的目标。对于多点这类业务灵活且创意需求高的企业而言，OKR 能够给予员工更多的创新和自主空间，更好地激发员工潜能。

4. 提升了协同效率

周会效率提升明显，聚焦问题与风险集中讨论，半小时即可完成。多点在启动全员 OKR 项目后，贯穿整个 OKR 实施周期的是推动和实施 OKR 的强

大决心与执行力。未来 OKR 的长期价值将在实践中不断显现。

四、OKR 成功实践心得

谈及 OKR 在多点取得阶段性成果的心得，多点总裁张峰说，OKR 成功实践主要来自以下几点原因：

1. 高层重视 + 心态开放

团队领导以开放的心态接受这个工具，才可以真正帮助解决管理中的问题，来自各级领导的重视和支持是实施 OKR 成功最关键的因素。

2. 加大专业培训力度 + 多维宣传

严格选拔 OKR 推广大使，公司加大专业培训的力度，推广大使是 OKR 理念和最佳实践落地到团队的领路人，团队领导需配合大使，给予充分的支持，对于实施过程中不确定的问题，及时与 HRBP 沟通。

3. 明确绩效考核方式，打消员工顾虑

公司反复强调 OKR 不与业绩挂钩，不对 OKR 自评打分进行评价，鼓励大家设置有挑战的目标。

4. 打造全员参与的氛围

OKR 周会之前，确保团队成员都已经更新了进度，填写了问题及风险，开会时聚焦重点问题，邀请员工分享他的复盘和进展，提升了员工的参与感。

没有人能够左右变化，却可以走在变化之前。身处高速发展中的多点，走出管理舒适圈，通过 OKR 升级企业管理方式，推进开放、灵活的管理模式，将持续地赋能组织并激发创新。

正是基于对 OKR 的积极实践，多点得以在拥抱变化中，坚守"让生活多点新鲜"的企业使命！

案例九：五矿信托财富管理中心：用 OKR 找到组织管理新解法

> OKR 给了我组织管理的工具和抓手。
>
> ——五矿信托财富管理中心总经理何飞

五矿信托财富管理中心是一个面向高净值客户、企业类客户的综合性金融服务平台。经过 10 年发展，五矿信托财富管理中心根据客户的风险偏好和资金配置需求，通过资产管理的不同账户实现了全市场的资产配置功能，为数万名客户提供定制化的"一站式"财富管理及资产配置解决方案。

人均产能从 2019 年的 1.5 亿元到 2021 年的 3 亿多元，销售规模增长超 60%。这是五矿信托财富管理中心（以下简称"五矿财富"）过去两年的成绩单。

在风口顺境，这样的增长率似乎不算惊人。但回头看，2018 年下半年正值资管新规出台。由于打破刚性兑付，信托等金融产品的生存空间受到了极大挤压。对于五矿财富而言，原有的盈利模式和产品结构都需要做出重大调整。

市场骤变扔给管理层一个棘手难题，必须快速实现业务转型，寻找新的盈利点。"信托公司原本做的是类银行的理财业务，业务开展相对被动。现在是要往投资类业务切换，需要更加主动地找顾客。像是换了一个赛道。"五矿财富总经理何飞总结道。

不仅要抓住转型的时间窗口，更要面向未来做投资。这等于是一场集体动员，组织内的每一个员工都得一起想办法，做各种经营尝试，寻找本质解。

一、照亮管理盲区

五矿财富的业务是向高净值人群提供财富管理与资产配置服务,理财顾问达 350 人,遍布全国 20 个城市。

高净值人群认知水平高,同时还要求定制化服务。管过团队的人都清楚,哪怕拉高一个团队的服务标准,都要费好大一番工夫。对于五矿财富而言,这样的难度要乘上 20 倍。

业务目标在山顶,领导在半山腰指挥,奈何有些员工压根就爬不动。五矿财富总经理何飞表示,理财顾问们都是"单兵作战",比较习惯自己经营管理客户。公司对顾问的经营过程管理较弱,因此,管理容易成为一个黑箱。

"有人等到了季度末,给我汇报说业绩没完成。中间的过程如何,可能我是不知道的。实在太需要一种管理方法来照亮整个团队的工作过程了。"总经理何飞说道。

一个偶然的机会,何飞接触到了 OKR。由于 OKR 强调信息的透明、共享,何飞顿时感到眼前一亮,觉得自己的组织可以推行起来。

二、KPI 注重的是结果,OKR 注重的是过程

何飞对 OKR 很上心。公司里,他永远是第一个写 OKR 的人。哪怕是晚上 10 点,出差的飞机刚落地,他也会第一时间进到系统检查大家的 OKR,有没有更新进度;每周六,复盘会雷打不动地开,每一个团队经理的 OKR 他一一质询。

通过飞书 OKR 在线工具,何飞可以清晰地看到每位下属 OKR 的填写情况、执行进展和复盘总结。如果对进展内容有任何疑问,可以划词评论,@ 相应同事来回应。

用飞书文档填写 OKR 进展,有了高频追踪的机制,OKR 成了组织的探照灯,管理者也好,员工也好,谁都不是摸黑行走。走路有了安全感,下一步该考虑什么?何飞提了两个字:协作。

三、没有人的目标该成为孤岛

在五矿财富，跨部门、跨团队的协作项目，都可以看到 OKR 的身影。每年 6 月份，金融机构的半年度财报要出炉。各家都在出招，抢客户，想在竞争中"扳回一城"。

面对半年大考，五矿财富今年推出了"618 理财节"，全员都投入进来。市场部设计规则和玩法，策划内容传播，先把势头造起来；产品部去研究最合适的标的，要确保理财节专属产品是"王牌组合"；理财顾问要全力配合市场部的动作，让客户相信产品价值，肯下单；客户管理部要处理好客户认购的流量洪峰，为客户的签约体验保驾护航……

400 多人参与的大型项目，如何不乱套？何飞表示，有 OKR 牵着就不会。项目一开始，所有人的头像旁边就多了一个 O：理财节募资创新高。四个部门，四百多号人，目标瞬间就对齐了，还相互@协作的人。每一项工作任务，每一个工作目标，形成了一张庞大的目标对齐网络……每个成员都能明白自己处于价值网络的哪一环，如何将个人效能发挥到最大。

四、用 OKR，在组织内形成目标对齐网络

有了这张对齐网络，大家就能找到对的人、做对的事。"在一个组织里，没有人的目标该成为孤岛。"何飞谈到，原先的协作中，A 抱怨 B 的资源不到位，C 抱怨 D 的观念不一致，大家相互推诿，项目只能一拖再拖。现在，OKR 在组织内形成了对齐网络，每个节点都有人承载，意味着每一份责任都有处安放。

五、思考的涌现与灌溉

20 世纪 90 年代，管理大师彼得·圣吉提出了"学习型组织"的概念。在一个学习型组织，每一个成员都在识别问题，不断尝试，进而拓展组织的能力边界。但现实是，组织里永远有冲锋陷阵的排头兵，也总有得过且过、不想推自己一把的人。

目标管理也是如此,有人就敢挑战营收翻倍,也有人就是纯粹"交作业"。何飞曾在会议上质询一位员工的OKR,认为他写得敷衍,无非是"加强产品学习""提升客户数量"等常规目标,和上一季度OKR差别不大。"问题是,他上一季度的业绩不好。我问他,如果你的OKR这么写,你觉得这一季度的业绩能达标吗?"

在何飞看来,OKR是一个人工作思路的体现。如果OKR没有改进,工作思路便没有改进,业绩提升也是纸上谈兵。过去,客户的理财需求比较简单,对投资的理解也有限,顾问过往的知识水平可以轻松驾驭,只要执行力到位,就容易成交;如今,互联网基本抹平了信息差,客户的认知水平上来了,再加上经济的周期性变化,财富管理的难度直上一个台阶。

六、财富管理,过去靠"执行",今天靠"思考"

何飞解释道,做理财顾问得把自己变身一个"学习机器",今天政府出台什么新规,市场情绪出现何种变化,新的产品组合背后理念是什么……不学习,就没法与客户对话,甚至不能在这个行业里生存。作为管理工具的OKR,可以充当组织学习的牵引装置。

何飞举例,一位投资顾问总结了一段产品新话术,跟客户沟通后发现效果不错,于是他录了一段视频来分享他的心得,将链接放到了自己的OKR记录里。大家在回顾OKR时发现了他的视频,迅速在公司内部推广了这段话术,如今很多顾问都在使用。

七、用视频讲解OKR背后的思考和洞见

在一个组织里,OKR带来的是思考的涌现和灌溉。因为信息足够透明,那些闪光的个体总能不断显现。当知识不仅得以沉淀,也能不断激发创新,组织便开始进化。

八、结语

今天的组织,已经把天平倚向了"过程""思考"。即便是在最强调"结

果""执行"的销售型组织，这样的变革都在真切地发生着。

在种种外力的挤压下，企业家们在过去几年或许都体验过"至暗时刻"。每一个难关都如此具体地横亘在眼前，要一个个越过去，需要过去不曾有的胆识和力气，去挖掘组织的内生力。

OKR便是一个帮组织发掘内生力的工具。在OKR的体系内，管理者从云端走向地面，从底部开始审视自己的组织，发掘过去不曾发现的力量。

不仅如此，OKR还让组织里的每个人知道，该往何处去。"哪怕目标没完成，我们也知道攻坚的山头在哪里。"在前进的路途中，好的思考得以涌现，好的知识得以萃取。通过OKR，五矿财富吸收了每一个成员的智慧，蜕变为一个学习型组织。

在一个不确定的当下，选择一个管理工具，面向不确定的未来。对于管理者而言，这也许是当下最有确定感的动作。

参考文献

[1][美]约翰·杜尔.这就是OKR-让谷歌、亚马逊实现爆炸性增长的工作法[M].曹仰锋,王永贵译.中信出版集团,2019.

[2][美]拉斯洛·博克.重新定义团队:谷歌如何工作[M].宋伟,译.中信出版集团,2015.

[3][美]彼得·德鲁克.知识社会[M].赵巍,译.机械工业出版社,2021.

[4]陈义佳.区块链商业思维[M].中国财政经济出版社,2020.

[5]况阳.绩效使能:超越OKR[M].机械工业出版社,2019.

[6]明道,袁春阳.听Google的"OKR之父"John Doerr谈一谈他和OKR的风流事[EB/OL].[2017-03-06].https://blog.mingdao.com/2712.html.

[7]况阳,译.谷歌OKR指导手册(全文)[EB/OL].[2018-08-02] https://www.sohu.com/a/244825892_661857.

[8]文萃.为什么谷歌说OKR不是绩效管理(一)/(二)谷歌的OKR如何运行[EB/OL].[2020-03-25] https://zhuanlan.zhihu.com/p/116601186.

[9][美]克里斯蒂娜·沃特克.OKR工作法:谷歌、领英等顶级公司的高绩效秘籍[M].明道团队,译.中信出版集团,2017.

[10]郑一真.王忠民:如何利用基金、合伙人和OKR三大制度,实现资本的最优配置[N/OL].经济观察报,2020-11-25. https://baijiahao.baidu.com/s?id=1684318802226033325&wfr=spider&for=pc.

[11]高维学堂.陈鹏鹏:我为何要坚定地引入OKRs工作法?[EB/

OL]. [2019-05-06] http://www.canyin88.com/zixun/2019/05/06/72818.html.

[12] 36氪. 创业公司应该如何正确使用OKR?[EB/OL]. [2019-04-08] https://baijiahao.baidu.com/s?id=1630239941305971874&wfr=spider&for=pc.

后 记

"往大处想"真的是一个伟大的思维。在决定写这本书的时候,我仅仅给了自己 3 个月时间,在繁忙的创业路上,我每天凌晨 5:00 开始写作。最后我在几百万字的原始材料上结合自己 OKR 的实践,找到实施 OKR 过程中最关键的 158 个问题,并且结合自己近 20 年的管理实践和应用,试图用最简单的语言表达出来,这是个非常有挑战的事。

写这本书的目的非常简单,就是传达最实战的 OKR 方法给所有的企业家和实践者,让他们能够以最快的速度掌握 OKR,运用 OKR,发展 OKR。但这个任务其实是非常有挑战性的,市面上出版的 OKR 专著还不是很多,有的是直接翻译的,有的是自己撰写的,但我很少看到一本是真正领导并推动 OKR 实现的企业家写的,这是很糟糕的。公司经营是个实践命题,德鲁克说过,公司唯一存在的意义在于创造客户,所以谷歌在它的 OKR 运营手册中强调每一个 OKR 都必须有商业价值,但是这一条却在大部分书籍中被忽略了,现有书籍更多的还在讨论 SMART 原则,但 OKR 之所以能够创造巨大的价值,就是每一个 OKR 都是围绕组织的终极目标来展开的,都能带来实实在在的商业价值,这是谷歌等伟大组织实践的真金,但我们却忽略了!

从 2015 年到现在,我领导多个团队践行 OKR,并取得一些成绩。OKR 带给我的不是工具,而是一种思维,是一种 10 倍速增长的思维,在这个思维指引下,去带领组织持续、健康地高速增长。在过去 40 余年,中国无数企业运用这种思维创造了人类的奇迹,创造了中国经济的奇迹,这些组织成功的基因就是 10 倍速增长思维,这个思维全部体现在 OKR 的核心价值:聚焦、协同、跟踪和挑战。始终不渝地聚焦在最核心的赛道上,设立具有挑战性的目标，甚至是不可能实现的目标，整合各方资源，持续不断地跟踪目标，最终实现目标。

管理是科学的，经过半个多世纪的实践，OKR 以星星之火可以燎原之势得到了很多"大厂"的拥趸，不仅是其理论的先进，更是 OKR 实实在在地带给组织巨大的价值。从谷歌到字节跳动，从英特尔到华为，我们看到这些 10 倍速增长的组织，无论多小，无论多大，都能实现宏大的目标，这说明 OKR 是科学的，是可以复制的。

市场是残酷的，"上天不仁，以万物为刍狗"，任何一种管理工具如不能给组织带来实实在在的增长，解决组织发展中的问题，创造商业价值，都不会长时间地生存下来。我们看到很多管理工具都是昙花一现，匆匆而来，匆匆而去。而 OKR 自 20 世纪 70 年代被格鲁夫发明以来，越来越呈现出强大的生命力，这是企业家们集体的选择，是在残酷的竞争中大浪淘沙出来的选择！

管理本应是自觉的，伴随时代的变迁，管理不断迭代升级，终将回归自觉。彼得·德鲁克的目标管理成为组织经营的必备思维，经历 70 多年的发展与考验，在今天越来越具有生命力，这是自觉的力量。而 OKR 是这种自觉的体现，是时代的体现。

在经历高速的"野蛮增长"40 余年后，中国经济步入了"管理红利时代"，过去"野蛮增长"的时代已经过去，在管理理论和管理创新上，中国要向全世界学习的东西还非常多，而 OKR 是最适合中小组织学习和使用的管理工具，它简单、有效，而且能支撑宏大目标。我们需要做的是从心里接受其管理思想、理念和方法。

很多企业家和管理者暂时还不愿接受，仍希望通过掌握信息的不对称性来获取管理的权利，但面对越来越聪明的"80后""90后"甚至"00后"员工，这条路已经走不了太久了。我们欣喜地看到越来越多的企业家愿意接受 OKR，并付诸实践。OKR 的实践本身就是一个困难的过程，是一种蜕变的过程，要改变过去的管理习惯，从层级式的控制，到更加自主的赋能，建立机制和平台，让人才自主设立挑战性目标并实现它，越来越多的企业家正在从传统模式走出来，带领组织实现 10 倍速增长。

区块链时代，巨量的机会扑面而来，在金融和科技的加持下，10倍速增长成为组织发展的一种可能。寻找最顶级合伙人，设计合伙人机制并敏锐洞察商业趋势，运用OKR激发团队实现宏大目标，成为企业家推动组织10倍速增长的基本功力。

外部环境越来越呈现易变性、复杂性、模糊性与不确定性，但10倍速增长组织始终在"往大处想"，就像我们看到的那样——谷歌、抖音、华为、字节跳动、微信等——一个个小的团队，朝着一个有野心的大目标协同行动，在两三年的时间里甚至改变了一个成熟产业。

这是时代带来的机遇，在"知识革命"下，OKR帮助组织和个人沟通、量化并且实现宏大的目标。在新的时代下，我们发现机会更多，而不是更少，我们拥有这个时代最好的环境、巨大的市场、稳定的政治环境和丰富的知识人才，我们需要做的是创新，技术和模式都在演进，管理也需要与时俱进。本书提出一个核心观点就是"10倍速组织"新的公式：

$$10\text{倍速增长组织} = 使命 \times OKR$$

这个公式发生了哪些变化？一是使命替代了战略，在新的时代，使命是我们聚集一帮有创造力人才的核心，是我们长期坚持和行动的原动力，是企业长期可持续发展的指南针。我们需要思考的是怎么把使命快速地转换成战略与执行，"战略是取舍"，但OKR已经做到了取舍——这段时间最重要的O是什么？就是取舍，"战略是方向"，O不就是方向吗？"战略是路径"，KR比路径更加好，它是里程碑。当今社会的迭代速度是前所未有的，并且以更快的速度在演进，企业经营战略要以更快的节奏来决定，"10倍速增长"组织新公式将成为指导企业成功的新范式。使命解释了我们为什么存在，O解决了我们做什么，KR解决我们如何做。

另外执行不是比OKR更重要吗？是的，执行是一切组织取得成功的根本，新的时代下商业机会转瞬即逝，我们不再仅仅需要一句口号，而是确切地实施体系、工具和方法来支撑整个执行，高速地执行，高效地执行，并使之成为一个习惯、一种文化。而OKR正是如此，无论从英特尔、谷歌还是字节跳动、华为，你所看到的就是高效执行，而且这种高效执行，不再仅仅是

后 记

从上到下的层层分解，而是从下到上的聚焦对齐，是一种从"要我干"到"我要干"的蜕变。所以 OKR 既是战略又是执行，已经将战略和执行融为一体，不可分割，在战略中融入执行，在执行中迭代战略！

最后，谈谈对商业的理解，我们对于商业本质追寻要回归到商业的对象——客户：为我们买单的人或者组织；用户：体验我们产品的人或组织；拥户：拥有我们生态的人或者组织。我们所有的商业活动，本质都是始终围绕客户来展开，如何让客户买单才是最重要的，所以我们看到伟大的组织都始终坚守"以客户为中心"的经营理念。

当代中国正在经历着工业化时代、互联网时代、区块链时代三代叠加的时期，工业化时代的"产品思维"、互联网时代的"用户思维"和即将到来的区块链时代的"拥户思维"同时存在，产品思维关注的是价格，用户思维关注的是体验，而拥户思维关注的是价值。思维变化了，但商业的本质没有变，因此，我们需要始终牢记德鲁克对于组织的定义：组织存在的唯一目的就是创造客户！

但是商业实现路径发生了改变，区块链带来了生产关系的变化，让更多人和组织不仅仅和平台是交易关系，更是演化成所有者关系。因此，当生产关系发生了改变，我们看到了"要我干"到"我要干"转变的底层逻辑就具备了，组织使命和个人使命实现了有机的统一，OKR 落地不再具有障碍了，自组织本质不是散漫、自由，而是大家围绕同一个目标各自行动，目标一致，行动差异。可以说 OKR 是新时代商业模式组织形式的集大成者。关于商业思维的更多见解，请参阅拙作《区块链商业思维》（2020，中国财政经济出版社）。

这本书从灵感到落地，经历了整整 8 个月时间，我的家人和太太总是信任我能够做一点不一样的事，不离不弃。感谢我的妹妹，她从一个小白读者的视角提出了很多的真知灼见，敦促我持续不断地修改，并且一个字一个字地帮助润笔，让本书能够"有脸见人"。有很多的朋友、同事给了我莫大的支持和帮助，我的团队成员陈启斗、周春恩、崔巍等总是给我充满信任的力量！王晴女士一篇无意的分享文章让我明确了前进路径，王忠民主席的演讲让我找到了方向，柳波女士让我有了转化成商业并落地的可能，我的好同事栗业和李亦婷给了我新的思考，吴诗媛帮我整理的第一稿，我的同学朱源让整个书籍增彩……太多的人，他们在有意无意地给我鼓励、支持和建议，所有的一切都是本书成稿的动力和源泉，感谢你们！

最后我给天下的企业家和有宏大目标的人上书：接纳OKR，践行OKR，发展OKR，推动组织10倍速增长，成就非凡！

陈义佳

2021年7月30日星期三清晨